중급 **1**

법무부 사회통합

한국어와 한국문화

국립국어원 기획
이미혜 외 집필

Hawoo Publishing Inc.

발간사

2020년 9월호 법무부 출입국·외국인 통계월보에 따르면 국내 체류 외국인은 약 210만 명으로 2010년보다 2배 가까이 증가하였습니다. 그런데 주목할 점은 체류 외국인이 양적으로 증가하였을 뿐만 아니라 이들의 유형이 결혼 이민자를 비롯하여 근로자, 유학생, 중도 입국 자녀 등으로 점차 다양해졌다는 것입니다. 이러한 변화는 다양한 언어와 문화적 배경을 가진 구성원과의 '공존'의 중요성을 한국 사회에 알리는 동시에 '소통'의 과제를 던져 준다고 생각합니다.

이에 국립국어원에서는 한국에 온 외국인들이 체계적으로 한국어를 배워 한국 사회의 일원으로 능동적으로 생활하고, 사회 구성원 간의 의사소통이 더욱 원활할 수 있도록 지원하고 있습니다. 그리고 이를 위한 교육 내용을 연구하고, 한국어 교재를 발간하고 있습니다. 이번에 발간되는 《사회통합프로그램(KIIP) 한국어와 한국문화》는 이러한 노력의 결실 중 하나라 할 수 있습니다.

이번 교재 개발에는 한국어 교육 및 사회·문화 교육 전문가가 집필자와 검토자로 참여하여 한국어와 한국 문화의 전문적 내용을 체계적이면서도 친근하게 구성하였습니다. 특히 '사회통합프로그램'을 총괄하는 법무부의 협조로 현장 요구 조사와 시범 적용을 실시하여 교사와 학습자의 의견을 폭넓게 반영하기 위해 노력하였습니다. 그리고 한국어 능력 향상뿐만 아니라 문화 다양성을 고려하여 내용을 구성하였으며, 풍부한 보조 자료를 제공함으로써 교사와 학습자가 손쉽게 활용할 수 있도록 하였습니다.

본 교재는 기초편 교재 1권, 초급 교재 2권, 중급 교재 2권의 5권으로 구성되며, 이 구성에 따라 학습자용 익힘책과 교사용 지도서가 본 교재와 함께 출간됩니다. 이와 함께 학습자용 유형별 보조 자료와 수업용 보조 자료를 별도로 제작하여 현장에서 손쉽게 사용할 수 있도록 제공하였습니다.

아무쪼록 이 교재가 사회통합프로그램에 참여하는 학습자들에게 한국어를 체계적이고 충실하게 익힐 수 있는 유용한 길잡이로 널리 활용되기를 바랍니다. 그래서 이 교재를 사용하는 이민자들이 한국 사회의 주체적인 구성원으로서 안정적인 생활을 영위하는 데 도움이 되기를 희망합니다.

끝으로 이 교재의 개발을 위해 최선의 노력을 기울여 주신 교재 개발진과 출판사 관계자 분들께 깊은 감사의 말씀을 드립니다.

2020년 12월
국립국어원장 소강춘

머리말

국내 체류 외국인의 수가 100만 명을 넘은 2007년을 기점으로 한국 사회는 다문화 사회의 도래를 대비하기 위해 제도적 준비를 해 왔습니다. 그중 이민 초기 정착 단계의 필수적인 지원 사항인 한국어 학습은 여러 부처에서 다양한 프로그램으로 운영되었는데, 2020년부터 법무부가 주관하는 사회통합프로그램으로 표준화되었습니다. 사회통합프로그램은 국내 체류 이민자를 대상으로 하는 '한국어와 한국문화', '한국사회이해' 교육 프로그램으로, 결혼 이민자와 근로자, 유학생 등 전문 인력, 중도 입국 자녀 등이 참여합니다. 2009년에 처음 시행된 이후 점점 성장하여, 현재 약 350개의 운영 기관에서 약 6만 명의 이민자들이 교육에 참여하고 있습니다.

이민자 대상의 한국어 교육에서 사회통합프로그램의 중요성이 커지면서 교육의 체계화와 효율화, 변화하는 사회 양상의 반영 등을 위해 교재 개발 연구가 진행되었고, 그 결과물이 ≪사회통합프로그램(KIIP) 한국어와 한국문화≫ 교재입니다. 이 교재의 특징은 다음과 같습니다.

첫째, 교재와 익힘책, 교사용 지도서, 기타 보조 자료로 구성되어 있습니다. 교실 수업에서 사용할 교재 이외에 교수·학습 효율성을 높이기 위해 학습 자료 일체를 개발하였습니다.

둘째, 교재는 사회통합프로그램 단계별 100시간 수업에 맞춰 구성했는데 이민자들이 한국 사회에 정착하는 과정에서 필요한 한국어와 한국문화 내용을 선정하여 살아있는 언어문화 교육이 되도록 했습니다. 특히 변화하는 한국 사회의 모습과 특징을 교재 전체에 다양한 소재로 사용했을 뿐만 아니라, 다양한 문화 주제를 통해 이민자들이 한국 사회를 이해하고 적응하는 데 도움을 주고자 했습니다. 그리고 결혼 이민자, 근로자, 유학생 등 전문 인력, 중도 입국 자녀들을 등장인물로 하여 한국 사람들과 함께 생각과 정보를 나누고, 공감하며 생활하는 모습을 담았습니다.

셋째, 익힘책은 이민자들이 자신의 학습 속도와 능력에 맞게 학습 내용을 복습하고 보완할 수 있도록 구성하였습니다. 교사들도 교실 상황에 맞춰서 융통성 있게 활용할 수 있을 것입니다.

넷째, 교사용 지도서와 기타 보조 자료는 교사들이 수업의 핵심 내용을 명료하게 파악하고 운용하도록 안내해 줄 것입니다. 또한 교사들의 필수적인 수업 준비 시간을 단축해 주는 대신에 교실 상황에 맞는 수업 설계에 시간을 투자할 수 있도록 도와줄 것입니다.

이민자용 한국어 교재는 단지 의사소통 능력을 길러 주는 역할만이 아니라 우리 사회의 진정한 '사회통합'을 이끄는 교재여야 합니다. 이 교재를 통해 이민자들의 사회통합프로그램 참여를 확대하고 교수·학습의 효율성을 높이기를 기대합니다. 또한 이민자의 사회 적응을 돕고 진정한 사회통합으로 나아가는 데 일조하기를 기대해 봅니다.

마지막으로 우리 사회 이민자 대상 한국어 교육을 위해 의미 있는 교재 개발 사업을 기획하고 지원해 주신 국립국어원 관계자 여러분께 감사드리며, 법무부 이민통합과 관계자분들께도 감사드립니다. 그리고 다양하고 새로운 시도를 통해 멋진 교재로 완성해 주신 하우 출판사 관계자분들께도 진심으로 감사드립니다. 원고를 고치고 다듬느라 오랫동안 소중한 일상을 돌보지 못한 연구진들께도 머리 숙여 감사의 마음을 전합니다.

2020년 12월
저자 대표 이미혜

일러두기

단원 도입

• 단원 첫머리에 '제목-학습 내용-사진/삽화'를 제시하여 단원 내용을 파악할 수 있도록 하였다.

• 주제 관련 사진과 삽화를 제시하고 길잡이 질문을 포함하여, 학습 내용을 예측할 수 있도록 하였다.

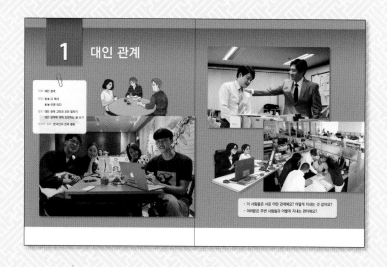

어휘

• 주제 관련 어휘와 표현을 의미장으로 묶어서 제시했으며, 간단한 연습 문제를 포함하여 어휘 이해를 확인하도록 하였다.

문법

• 문법 의미와 사용법을 알 수 있도록 상황 그림과 예문을 제시했으며, 형태 정보를 도식화하여 명료하게 제시하였다. 교재에는 통제된 연습과 유의미한 연습을 포함하였고, 익힘책에 더 단순한 연습과 확장 연습을 포함하였다.

말하기

• 모범 대화문을 활용한 대치 연습과 자유로운 대화 연습으로 구성하였다. 모범 대화문 연습을 통해 구체적인 상황에서 의사소통 기능 수행을 연습하도록 하였다. 자유로운 대화 연습은 모범 대화문의 확장으로, 대화 상황이나 대화 내용을 간략히 제시하고 자유롭게 말해 보도록 하였다.

듣기

- 단원 주제와 연관된 다양한 담화 듣기로 구성하였다. 듣기 전 활동을 포함하여 들을 내용을 예측하는 전략을 기르도록 했으며, 듣기 활동으로 중심 내용, 세부 내용, 대화 상황 등 다양한 이해 활동을 제시하였다.

발음

- 한 단원에 한 가지 음운 현상을 제시하고 연습하도록 구성하였다. 음운 현상을 쉽게 이해하도록 규칙을 도식화했으며, 단어 연습에서 문장 연습, 대화 연습으로 확장하였다.

읽기

- 읽기 관련 어휘, 표현을 읽기 자료 속에서 익힐 수 있도록 읽기 전 활동을 구성하고 한 페이지 분량으로 제시하여, 읽기 전 활동을 강화하였다.

- '읽기'는 단원 주제와 연관된 다양한 글(메모, 문자 메시지, 광고 등)을 활용하였다. 이해 확인 연습은 선다형, 연결형, 진위형, 빈칸 채우기, 단답형 등으로 다양하게 구성하였다.

쓰기

- 과정 중심 쓰기로 구성하였다. 쓰기 전에 쓸 내용에 대한 생각을 나누고 메모하는 단계를 포함하여 쓰기에 대한 부담을 줄이도록 했으며, 글 쓰는 절차와 방법을 익혀가도록 하였다.

문화와 정보

- 단원 주제와 관련된 문화를 선정하여 한국어로 설명하고 시각 자료를 제시하였다. 내용 이해를 돕기 위해 사진, 삽화를 충분히 제시하였다. 활동은 한국 문화에 대해 이야기하기, 자국 문화 소개하기, 자신의 경험 이야기하기 등으로 구성하여 상호문화적인 접근이 가능하도록 하였다.

차례

교재 구성표

단원	단원명/주제	어휘	문법
1	대인 관계	대인 관계	동형-고 해서 동형-으면 되다
2	성격	성격	형-어지다 동형-는 대신(에)
3	지역 복지 서비스	지역 복지 서비스	동형-는지 알다/모르다 동-다가
4	교환과 환불	교환, 환불	동-을 만하다 동형-어 가지고
5	소비와 절약	소비, 절약 방법	명이나/밖에 동형-는다고 하다
6	주거 환경	주거 지역의 지리적 환경	피동 동-자고 하다
7	문화생활	공연과 전시회	동-으라고 하다, 동형-냐고 하다 명만큼
8	음식과 요리	양념과 맛, 요리 방법	사동① 사동②
복습 1(1~8과)			
9	고장과 수리	고장, 수리	동형-어서 그런지 동-나요?, 형-은가요?
10	취업	취업	동-기 위해서 동-어 놓다
11	부동산	집 구하기, 계약	동형-는 데다가 동형-는다
12	전통 명절	명절 풍습	동형-어도 동-게 되다
13	직장 생활	직장 생활	동-게 하다 동-어 가다
14	인터넷과 스마트폰	인터넷과 스마트폰	동형-잖아요 동형-어야
15	고민과 상담	인간관계, 갈등	동-으려던 참이다 동-자마자
16	기후와 날씨	날씨, 날씨에 따른 몸의 변화	동형-을 텐데 동-어 있다
복습 2(9~16과)			

활동	발음	문화와 정보
대인 관계 고민과 조언 말하기 대인 관계에 대해 조언하는 글 쓰기	유음의 비음화	한국인의 친목 활동
성격에 대해 말하기 성격을 소개하는 글 쓰기	격음화	성격과 직업
복지 시설 이용 방법 말하기 지역 복지 서비스 소개하기	이중 모음 발음	다문화이주민플러스센터
교환, 환불하기 교환, 환불에 대한 주의 사항 읽기	연음	소비자 상담 센터
절약에 대해 조언하기 생활비 절약 방법 소개하는 글 쓰기	경음화	적금 가입하기
동네 주변 시설 소개하기 지금 살고 있는 동네와 고향 동네 비교하기	격음화	과거와 현대의 명당
공연 감상 소감 말하기 공연 감상평 쓰기	경음화	공연 정보를 찾는 방법
요리 방법 이야기하기 고향 음식 요리 방법 소개하기	연음	식품의 유통 기한
서비스 센터에 전화 문의하기 집 수리 요청하는 글 쓰기	한자어 경음화	전자 제품 보증 기간
구직 활동에 대해 조언하기 이력서 작성하기	경음화	급여와 세금
부동산에서 집 구하기 살고 싶은 집에 대해 쓰기	비음화	공유 주택(셰어 하우스)
명절 풍습 이야기하기 한국과 고향의 명절 비교하기	유음화	강릉 단오제
직장 생활에 대해 조언 구하기 직장 생활 잘하는 방법 쓰기	'ㄴ' 첨가	워라밸(work-life balance)
스마트폰 활용법 말하기 인터넷과 스마트폰의 활용법 쓰기	'ㅎ' 약화	휴대폰 개통 방법
고민에 대한 조언 구하기 상담 신청서 쓰기	경음화	이민자 상담 센터
날씨에 맞게 계획 변경하기 날씨 관련 정보 제공하기	겹받침 발음	한국의 절기

등장인물

잠시드(우즈베키스탄)
이삿짐센터 직원

라민(이집트)
유학생

김영욱(한국)
버스 기사

김성민(한국)
고등학생

고천(중국)
주부

정아라(한국)
한국어 선생님

아나이스(프랑스)
유학생

1 대인 관계

- 이 사람들은 서로 어떤 관계예요? 어떻게 지내는 것 같아요?
- 여러분은 주변 사람들과 어떻게 지내는 편이에요?

1. 여러분은 주변 사람과의 관계에서 어떤 고민이 있어요?

친구, 동창

- 공감대가 없다
- 사이가 멀어지다
- 연락이 끊기다

선배, 후배

- 선배를 대하기 어렵다
- 후배가 나를 어려워하다

상사, 동료, 부하 직원

- 상사의 지시를 거절하기 힘들다
- 동료에게 도움을 요청하기 어렵다
- 일하는 방법을 잘 모르다

2. 대인 관계를 잘 유지하려면 어떤 노력이 필요해요?

- 자주 연락을 주고받다
- 이야기를 잘 들어 주다
- 의견을 솔직하게 말하다

- 서로 예의를 지키다
- 공감을 잘해 주다
- 함께 시간을 보내다

1 동형 -고 해서

앞 내용이 뒤 내용의 이유 중 하나임을 나타낸다.

후엔 친구

민수: 여보, 새로 사귄 친구하고 친해졌어요?
후엔: 서로 공감대도 없고 **바쁘고 해서** 친해지기가
　　　어려워요.

예문

• 가: 점심시간인데 식사하러 안 가세요?
　나: 조금 전에 샌드위치도 **먹고 해서** 그냥 사무실에
　　　있으려고요.

• 초등학교 동창들하고 자주 연락을 주고받고 해서
　아직도 만나요.

• 상사 지시를 거절하기도 힘들고 일하는 방법도 잘
　모르고 해서 직장 생활이 힘들어요.

| **-고 해서** | • 먹다 → **먹고 해서** |
| | • 바쁘다 → **바쁘고 해서** |

Tip '명이다'는 '명이고 해서'를 사용한다.

1. 대인 관계에서 어려운 점을 보기 와 같이 말해 보세요.

대인 관계에서 어려운 점이 있어요?

고향 친구와 자주 못 만나고 연락도
자주 못하고 해서 사이가 멀어졌어요.

보기	고향 친구와 자주 못 만나다	연락을 자주 못하다
1)	새로 사귄 친구와 성격이 다르다	공감대가 없다
2)	학교에서 선배를 대하기 어렵다	한국어가 부족하다
3)	외국 친구와 언어가 다르다	문화가 다르다
4)	한국 사람과 생각이 다르다	말하는 방법을 잘 모르다

2. '-고 해서'를 사용하여 친구들과 이야기해 보세요.

• 사람 사귀기가 힘든 이유
• 한국어를 배우는 이유

성격도 내성적이고 혼자 있는 걸
좋아하고 해서 사람을 사귀기가 힘들어요.

단어장

사귀다
부족하다
내성적이다

2 동형 -으면 되다

앞 내용이 어떤 일을 충족하는 조건임을 나타낼 때 사용한다.

잠시드: 새 직장 동료들하고 가깝게 지내고 싶은데 어떻게
　　　　해야 할까요?

안젤라: 웃으면서 먼저 인사하고 서로 예의를 지키면 돼요.

예문

• 가: 찾으시는 휴대 전화 있으세요?

　나: 기능이 다양하고 속도가 빠르면 돼요.

• 이 약은 식사 후에 드시면 됩니다.

• 수업 신청은 홈페이지에서 하면 돼요.

-으면 되다	• 찾다 → 찾으면 되다
	• 있다 → 있으면 되다
-면 되다	• 가다 → 가면 되다
	• 크다 → 크면 되다
	• 알다 → 알면 되다

Tip '명이다'는 '명이면 되다'를 사용한다.

---

1. 어떻게 하면 좋을까요? 보기 와 같이 친구와 이야기해 보세요.

> 부부가 사이좋게 지내려면 어떻게 하면 좋을까요?

> 서로 관심을 갖고 상대방의 이야기를 잘 들어 주면 돼요.

보기	부부가 사이좋게 지내는 방법	서로 관심을 갖고 상대방의 이야기를 잘 들어 주다
1)	친구를 위로하는 방법	공감해 주고 같이 고민해 주다
2)	선배와 친하게 지내는 방법	인사를 잘하고 예의를 지키면서 말하다
3)	직장 동료와 의견 차이를 줄이는 방법	의견을 솔직하게 말하고 조금씩 양보하다
4)	고향 친구와 사이가 멀어지지 않는 방법	자주 안부를 묻고 연락을 주고받다

단어장

속도
관심을 갖다
사이좋다
위로
줄이다
안부
문제를 풀다
외우다

2. '-으면 되다'를 사용해서 친구와 이야기해 보세요.

• 토픽 시험에서 높은 점수를 받는 방법

• 한국어 발음을 잘하는 방법

> 어떻게 하면 토픽 시험에서 높은 점수를 받을 수 있을까요?

> 문제도 많이 풀어 보고 단어도 많이 외우면 돼요.

1. 잠시드 씨가 고민을 이야기합니다. 다음 대화처럼 이야기해 보세요.

반장님: 잠시드 씨, 우리 회사에 온 지 일주일 됐지요?
　　　　이제 적응 다 했어요?

잠시드: 좀 힘들지만 적응하려고 노력 중입니다.

반장님: 힘든 게 있어요? 힘든 게 있으면 말해 봐요.

잠시드: 아직 사람들을 대하기가 어렵고 일하는 방법도
　　　　잘 모르고 해서 좀 힘듭니다.

반장님: 여기 온 지 얼마 안 돼서 그래요. 좀 익숙해지고
　　　　동료들하고 함께 시간을 보내면 될 거예요.

잠시드: 네, 반장님. 시간이 지나면 괜찮아지겠지요.
　　　　신경 써 주셔서 감사합니다.

3-1 EBOOK

　1) 일하는 방법을 잘 모르다 ┆ 동료들하고 함께 시간을 보내다

　2) 공감대가 없다 ┆ 서로에게 관심을 갖고 이야기를 잘 들어 주다

2. 친구의 대인 관계 고민을 듣고 조언을 해 보세요. 그리고 여러분의 이야기를 해 보세요.

친구의 고민
• 고등학교 친구와 연락이 끊기다
• 직장 상사를 대하기 어렵다

고민에 대한 조언
• 다시 연락해서 만나 보다
• 인사를 잘하고 예의를 지키다

단어장

적응하다
노력 중이다
관심을 갖다

1. 여러분은 주변 사람들과의 관계가 어떻습니까?

친해지기 전에는 사람을 좀 어려워하는 편이에요.

저는 친구들과 연락도 자주 하고 이야기도 많이 나눠요.

2. 고천 씨가 아들 성민과 이야기합니다. 잘 듣고 질문에 답해 보세요.

1-L.mp3

1) 들은 내용과 같으면 ○, 다르면 X 하세요.

❶ 성민은 새 학교에서 친구들을 많이 사귀었다.　　　　(　　　)

❷ 성민은 주변에 앉은 친구들과 내일 약속이 있다.　　　(　　　)

❸ 성민의 친구들은 중국에 관심이 많아서 질문이 많다.　(　　　)

2) 성민이 엄마에게 들은 이야기가 <u>아닌</u> 것을 고르세요.

❶ "친구들 이야기를 잘 들어 주면 된다."

❷ "친구들하고 함께 시간을 보내면 된다."

❸ "친구들하고 싸우지 말고 사이좋게 지내야 한다."

❹ "중국에 대해서 친구들에게 많이 이야기해 주면 좋다."

3) 성민의 친구들이 성민에게 중국에 대해 질문을 많이 하는 이유가 무엇입니까?

단어장

이야기를 나누다
동호회
대통령

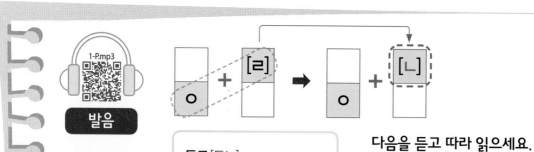
1-P.mp3

발음

동료[동뇨]

강릉[강능]

대통령[대통녕]

다음을 듣고 따라 읽으세요.

1) 직장 **동료**와 사이가 멀어졌어요.

2) **동호회**에서 **강릉**에 가기로 했어요.

3) **대통령**의 말씀이 있겠습니다.

1. 여러분은 한국 사람과의 관계에서 어떤 어려움이 있습니까? 체크해 보세요.

☐ 문화가 다르다.
☐ (서로에게) 편견을 갖고 있다.
☐ 생활 방식이 다르다.
☐ 높임말 사용이 어렵다.

☐ 무슨 말을 어떻게 해야 하는지 잘 모르겠다.
☐ 내 의도를 정확하게 표현하기 어렵다.
☐ 대화를 이어 나가기 힘들다.
☐ 한국 사람은 사전과 다른 의미의 말을 많이 한다.

2. 인터넷 상담 게시판에 올라온 이민자들의 대인 관계에 대한 고민과 댓글입니다. 여러분은 어떤지 친구들과 이야기해 보세요.

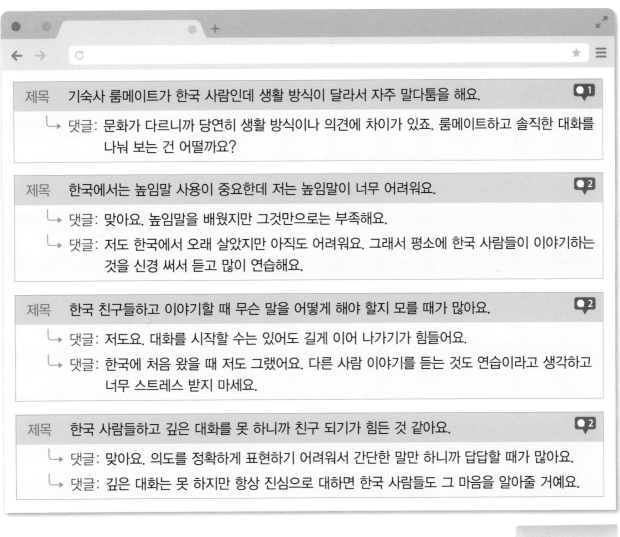

제목 | 기숙사 룸메이트가 한국 사람인데 생활 방식이 달라서 자주 말다툼을 해요. 💬1
↳ 댓글: 문화가 다르니까 당연히 생활 방식이나 의견에 차이가 있죠. 룸메이트하고 솔직한 대화를 나눠 보는 건 어떨까요?

제목 | 한국에서는 높임말 사용이 중요한데 저는 높임말이 너무 어려워요. 💬2
↳ 댓글: 맞아요. 높임말을 배웠지만 그것만으로는 부족해요.
↳ 댓글: 저도 한국에서 오래 살았지만 아직도 어려워요. 그래서 평소에 한국 사람들이 이야기하는 것을 신경 써서 듣고 많이 연습해요.

제목 | 한국 친구들하고 이야기할 때 무슨 말을 어떻게 해야 할지 모를 때가 많아요. 💬2
↳ 댓글: 저도요. 대화를 시작할 수는 있어도 길게 이어 나가기가 힘들어요.
↳ 댓글: 한국에 처음 왔을 때 저도 그랬어요. 다른 사람 이야기를 듣는 것도 연습이라고 생각하고 너무 스트레스 받지 마세요.

제목 | 한국 사람들하고 깊은 대화를 못 하니까 친구 되기가 힘든 것 같아요. 💬2
↳ 댓글: 맞아요. 의도를 정확하게 표현하기 어려워서 간단한 말만 하니까 답답할 때가 많아요.
↳ 댓글: 깊은 대화는 못 하지만 항상 진심으로 대하면 한국 사람들도 그 마음을 알아줄 거예요.

단어장

말다툼
답답하다

3. 다음은 인터넷 게시판에 올라온 고민 글입니다. 잘 읽고 질문에 답해 보세요.

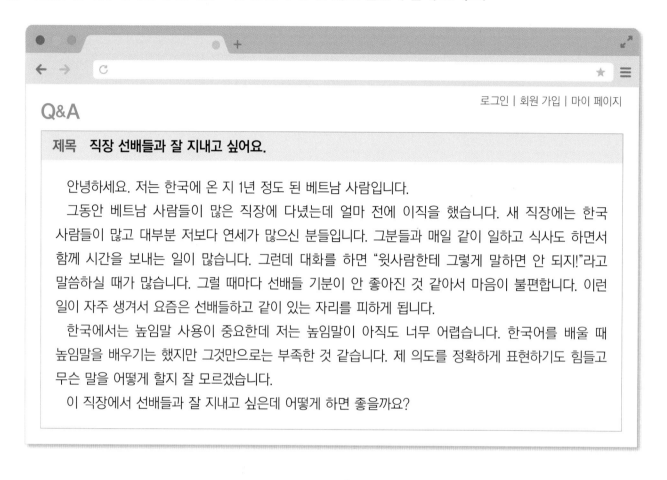

Q&A

로그인 | 회원 가입 | 마이 페이지

제목 직장 선배들과 잘 지내고 싶어요.

안녕하세요. 저는 한국에 온 지 1년 정도 된 베트남 사람입니다.

그동안 베트남 사람들이 많은 직장에 다녔는데 얼마 전에 이직을 했습니다. 새 직장에는 한국 사람들이 많고 대부분 저보다 연세가 많으신 분들입니다. 그분들과 매일 같이 일하고 식사도 하면서 함께 시간을 보내는 일이 많습니다. 그런데 대화를 하면 "윗사람한테 그렇게 말하면 안 되지!"라고 말씀하실 때가 많습니다. 그럴 때마다 선배들 기분이 안 좋아진 것 같아서 마음이 불편합니다. 이런 일이 자주 생겨서 요즘은 선배들하고 같이 있는 자리를 피하게 됩니다.

한국에서는 높임말 사용이 중요한데 저는 높임말이 아직도 너무 어렵습니다. 한국어를 배울 때 높임말을 배우기는 했지만 그것만으로는 부족한 것 같습니다. 제 의도를 정확하게 표현하기도 힘들고 무슨 말을 어떻게 할지 잘 모르겠습니다.

이 직장에서 선배들과 잘 지내고 싶은데 어떻게 하면 좋을까요?

1) 이 사람이 어려워하는 것이 무엇입니까?

_____

2) 윗글의 내용과 같으면 ○, 다르면 X 하세요.

❶ 이 사람은 얼마 전에 회사를 옮겼다.　　　　　　　　(　　　)

❷ 새 직장 선배들의 나이가 많아서 기분이 나쁘다.　　(　　　)

❸ 한국어를 배울 때 높임말을 배우지 못했다.　　　　　(　　　)

3) 윗글의 내용과 <u>다른</u> 것을 고르세요.

❶ 이 사람은 1년 전에 한국에 왔다.

❷ 새로 간 직장에는 한국 사람이 많다.

❸ 이 사람은 요즘 선배들과 대화를 많이 하려고 한다.

❹ 이 사람은 대화할 때 의도를 정확하게 표현하기 힘들어한다.

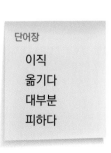

단어장

이직

옮기다

대부분

피하다

1. 여러분은 한국인과의 관계에서 어려운 점이 있었습니까? 어려운 점을 어떻게 극복했는지 써 보세요.

한국인과의 관계에서 어려운 점	극복 방법

2. 한국에 온 지 얼마 안 된 이민자 후배에게 한국인 친구를 잘 사귀는 방법에 대해서 조언하는 글을 써 보세요.

한국인의 친목 활동

한국인이 사회생활에서 친목을 도모하기 위하여 참석하는 대표적인 모임으로 '동창회'와 '동호회'가 있다.

동창회는 같은 학교를 졸업한 사람들이 모여 서로 친목을 도모하고 모교와 연락을 하기 위하여 만들어진 모임이다. 송년회, 체육 대회와 같은 모임을 정기적으로 열기도 하고 단체 여행을 다니기도 한다. 그리고 등산, 악기 연주, 스포츠 등 같은 취미를 가지고 함께 즐기는 사람들의 모임을 동호회라고 한다. 이러한 동호회는 보통 학교, 지역, 직장, 인터넷 커뮤니티를 중심으로 만들어진다. 요즘은 온라인에서 정보를 공유하는 모임이 먼저 만들어지고, 이를 실제 모임으로 연결해 직접 만나기도 한다. 사람들은 동호회에 가입해서 취미 활동을 하는 것은 물론이고 다양한 정보를 수집하기도 하며 새로운 사람들을 사귀기도 한다.

1) 동창회는 어떤 모임입니까?
2) 동호회에 가입하면 어떤 점이 좋습니까?
3) 여러분 고향에는 어떤 모임이 있습니까?

☐ 공감대가 없다	☐ 관심을 갖다
☐ 사이가 멀어지다	☐ 사이좋다
☐ 연락이 끊기다	☐ 위로
☐ 선배	☐ 줄이다
☐ 대하다	☐ 안부
☐ 후배	☐ 문제를 풀다
☐ 상사	☐ 외우다
☐ 지시	☐ 적응하다
☐ 거절하다	☐ 노력 중이다
☐ 요청	☐ 관심을 갖다
☐ 방법	☐ 이야기를 나누다
☐ 솔직하다	☐ 동호회
☐ 예의를 지키다	☐ 대통령
☐ 공감	☐ 말다툼
☐ 사귀다	☐ 답답하다
☐ 부족하다	☐ 이직
☐ 내성적이다	☐ 옮기다
☐ 속도	☐ 대부분

2 성격

어휘: 성격

문법: 형-어지다

　　　동형-는 대신(에)

활동: 성격에 대해 말하기

　　　성격을 소개하는 글 쓰기

문화와 정보: 성격과 직업

- 이 사람들은 어떻게 행동해요? 성격은 어떨 것 같아요?
- 여러분의 성격은 어때요?

1. 다음을 보고 어떤 성격인지 이야기해 보세요.

외향적이다 ☑   내성적이다 ☐   적극적이다 ☐   소극적이다 ☐

꼼꼼하다 ☐   덜렁거리다 ☐   다정하다 ☐   무뚝뚝하다 ☐

(성격이) 느긋하다 ☐   (성격이) 급하다 ☐

천천히 하세요.

2. 여러분의 성격은 어때요? 친구의 성격은 어때요? 친구와 이야기해 보세요.

저는 성격이 외향적이에요.
그래서 사람들과 이야기하는 것을 좋아해요.

문법

1 형 -어지다

상태의 변화를 나타낼 때 사용한다.

반장님: 잠시드 씨, 예전에는 실수를 자주 했는데 요즘은 많이 **꼼꼼해졌**네요.

잠시드: 감사합니다. 아직 배울 게 많아요.

예문

• 가: 아이 성격이 어때요?

　나: 태권도를 배운 후부터 많이 **활발해졌**어요.

• 고향에 있을 때는 성격이 느긋했어요. 한국에 와서 많이 **급해졌**어요.

• 이제는 한국 생활에 많이 **익숙해졌**어요.

-아지다	• 비싸다 → **비싸지다** • 좋다 → **좋아지다**
-어지다	• 길다 → **길어지다** ★덥다 → **더워지다**
-해지다	• 친하다 → **친해지다** • 익숙하다 → **익숙해지다**

1. 그림을 보고 보기 와 같이 친구와 이야기해 보세요.

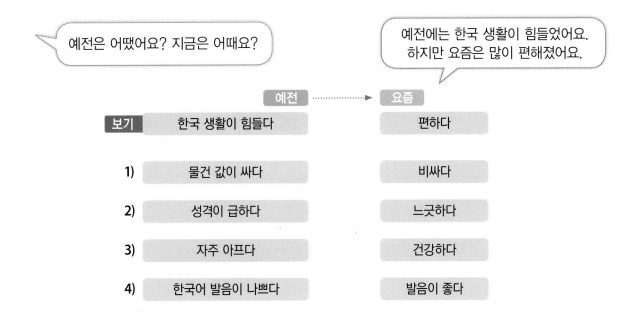

예전은 어땠어요? 지금은 어때요?

예전에는 한국 생활이 힘들었어요. 하지만 요즘은 많이 편해졌어요.

예전 ·······▶ 요즘

보기	한국 생활이 힘들다	편하다
1)	물건 값이 싸다	비싸다
2)	성격이 급하다	느긋하다
3)	자주 아프다	건강하다
4)	한국어 발음이 나쁘다	발음이 좋다

2. 여러분은 성격이 어떻게 달라졌어요? 친구들과 이야기해 보세요.

• 입사하기 전/후
• 결혼하기 전/후
• 한국에 오기 전/후

저는 입사하기 전에는 좀 덜렁거렸어요. 하지만 요즘은 많이 꼼꼼해졌어요.

단어장

활발하다

2 동형 -는 대신(에)

앞선 행동에 대한 보상이나 대체를 나타낼 때 사용한다.

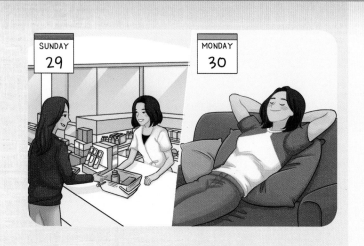

안젤라: 일요일에도 출근해요?

이　링: 네, 일요일에 일하는 대신에 월요일에는 쉬어요.

예문

- 가: 우리 아이는 간단한 숙제도 시간이 오래 걸려요.
  나: 시간이 오래 걸리는 대신에 실수가 없으니까 걱정하지 마세요.
- 부모님을 자주 찾아 뵙지 못하는 대신에 전화를 자주 드려요.
- 일이 많은 대신에 다양한 경험을 쌓을 수 있어서 좋아요.

-는 대신에	• 먹다 → 먹는 대신에 ★만들다 → 만드는 대신에 • 일하다 → 일하는 대신에
-은 대신에	• 많다 → 많은 대신에 • 작다 → 작은 대신에
-ㄴ 대신에	• 싸다 → 싼 대신에 ★힘들다 → 힘든 대신에 • 바쁘다 → 바쁜 대신에

---

1. 그림을 보고 보기 와 같이 친구와 이야기해 보세요.

회사는 어때요?
일이 힘들어요?

보기

회사

네. 일이 힘든 대신에
월급이 많아요.

일이 힘들다　월급이 많다

1)

일

주말에 근무하다　평일에 쉬다

2)

점심

음식을 시켜 먹다　만들어 먹다

3)

컴퓨터

품질이 좋다　가격이 비싸다

---

2. 건강해지고 싶을 때 여러분은 무엇을 해요? 친구들과 이야기해 보세요.

- 엘리베이터를 타다 / 계단을 자주 이용하다
- 커피 / 물

저는 엘리베이터를 타는 대신에
계단을 자주 이용해요.

1. 고천 씨가 아이 성격에 대한 고민을 이야기합니다. 다음 대화처럼 이야기해 보세요.

후엔: 고천 씨, 무슨 일이 있어요? 얼굴이 안 좋아 보여요.

고천: 우리 아이 성격 때문에 고민이에요.

후엔: 성민이 성격요?

고천: 네, 애가 저를 닮아 성격이 많이 내성적이거든요. 한국에 온 지 두 달이 넘었는데 학교 친구들과 아직 못 어울리는 것 같아요.

후엔: 그래요? 걱정되시겠어요. 그럼 아이한테 동아리나 봉사 활동을 시키면 어떨까요? 우리 아이는 봉사 활동을 한 후부터 성격이 외향적이고 밝아진 것 같아요.

고천: 그렇군요. 이따 집에 가서 우리 아이하고 얘기해 볼게요. 고마워요.

3-2 EBOOK

1) 내성적이다, 한국에 온 지 두 달이 넘었는데 학교 친구들과 아직 못 어울리다 │
아이한테 동아리나 봉사 활동을 시키다 → 봉사 활동을 한 후부터 성격이 외향적이고 밝다

2) 성격이 급하다, 무슨 일을 할 때 자꾸 실수하다 │
아이에게 계획하는 습관을 만들어 주다 → 계획표를 세워서 일을 하니까 성격이 꼼꼼해지다

2. 아래 상황에 맞게 성격 고민에 대해 조언해 주는 사람이 되어 대화해 보세요. 그리고 여러분의 이야기를 해 보세요.

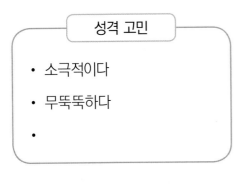

성격 고민

- 소극적이다
- 무뚝뚝하다
-

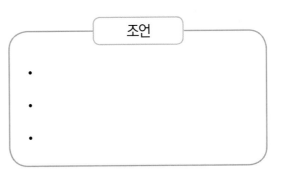

조언

-
-
-

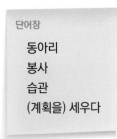

단어장

동아리
봉사
습관
(계획을) 세우다

1. 두 사람의 모습을 보고 어떤 성격인지 추측하고 이야기해 보세요.

2. 애나 씨와 제이슨 씨가 이야기합니다. 잘 듣고 질문에 답해 보세요.

1) 애나 씨의 성격은 어떻습니까?

_____

2) 제이슨 씨는 성격이 왜, 어떻게 달라졌습니까?

_____

3) 들은 내용과 같으면 ○, 다르면 X 하세요.

❶ 제이슨 씨는 행사에 참여할 것이다. ( )

❷ 애나 씨는 제이슨 씨의 성격을 부러워한다. ( )

❸ 제이슨 씨는 한국에 와서 성격이 달라졌다. ( )

> 단어장
>
> 장기 자랑
> 앞에 나서다
> 낯설다

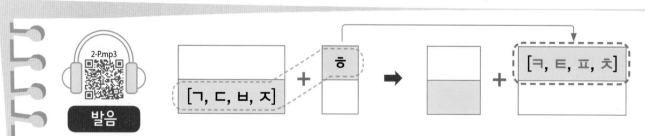

발음

[ㄱ, ㄷ, ㅂ, ㅈ] + ㅎ ➡ + [ㅋ, ㅌ, ㅍ, ㅊ]

무뚝뚝했어요[무뚝뚜캐써요]

급해서[그패서]

느긋해졌어요[느그태저써요]

다음을 듣고 따라 읽으세요.

1) 결혼 전에는 무뚝뚝했어요.

2) 저는 성격이 급해서 실수를 많이 해요.

3) 고향에 있을 때는 성격이 급했어요.
그러나 요즘은 느긋해졌어요.

1. 다음의 직업은 어떤 성격과 어울릴까요? 보기 를 보고 친구들과 이야기해 보세요.

의사는 신중하면 좋을 것 같아요.

보기

개방적이다
보수적이다
신중하다
예민하다
유머 감각이 많다
자상하다
정이 많다
책임감이 강하다
호기심이 많다
활발하다
꼼꼼하다

교사(선생님)

출입국·외국인청 직원

공무원

통역사

미용사/네일 아티스트

사회 복지사

2. 다음은 성격 고민에 대한 글입니다. 글을 읽고 조언해 보세요.

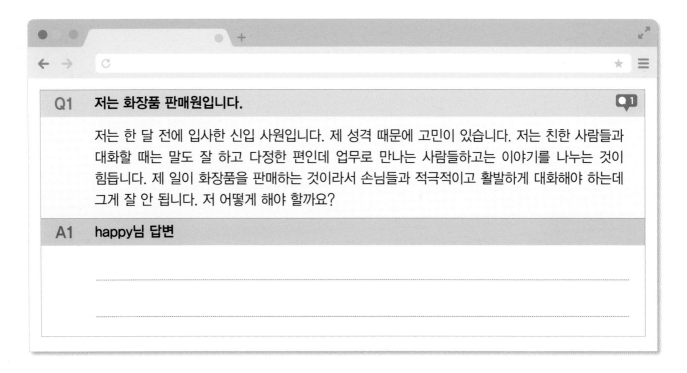

Q1 저는 화장품 판매원입니다.

저는 한 달 전에 입사한 신입 사원입니다. 제 성격 때문에 고민이 있습니다. 저는 친한 사람들과 대화할 때는 말도 잘 하고 다정한 편인데 업무로 만나는 사람들하고는 이야기를 나누는 것이 힘듭니다. 제 일이 화장품을 판매하는 것이라서 손님들과 적극적이고 활발하게 대화해야 하는데 그게 잘 안 됩니다. 저 어떻게 해야 할까요?

A1 happy님 답변

3. 다음은 라흐만 씨의 가족에게 일어난 일입니다. 잘 읽고 질문에 답해 보세요.

지난주에 휴가를 받아서 고향에 갔습니다. 오랜만에 가족을 만나는 것이어서 설레는 마음으로 집에 도착했습니다. 저희 가족은 모두 다정하고 유머 감각이 많아서 늘 대화도 많이 하고 집안이 시끄러운 편인데 이날은 조용했습니다. 동생에게 집에 무슨 일이 있었는지 물어보니 "부모님이 결혼기념일에 크게 다투셨는데 그때부터 대화를 안 하셔."라고 알려 주었습니다.

저희 아버지는 여행사를 운영하고 계십니다. 적극적이고 활발한 편이시라서 주변에 아는 사람도 많고 모임에 나가는 걸 좋아하십니다. 그날에도 동호회 모임에 가셨는데 '특별한 날'인 것을 잊어버리고 밤늦게 들어오신 겁니다. 어머니는 아버지를 저녁 내내 기다리셨고 결국 화가 나서 그 후부터 아버지와 말을 안 하고 계셨습니다.

다음 날 오전에 어머니께서 외출하시는 것을 보고 저는 아버지께 "늦었지만 결혼기념일 파티를 하면 어떨까요?"라고 말씀드렸습니다. 아버지께서는 "그거 좋은 생각이다. 같이 준비하자."라고 하셨고 저와 동생은 아버지를 도와 작은 파티를 준비했습니다. 아버지와 동생은 어머니 선물을 사러 나갔고 저는 요리를 만들었습니다.

얼마 후 어머니께서 오셨습니다. 드디어 식사 시간이 되어 가족이 모두 식탁 앞에 앉았습니다. 그때 아버지께서 "미안해. 이제부터 달라질게."라고 말씀하시면서 선물을 주니까 어머니께서는 눈을 흘기면서 좋아하셨습니다. 우리는 모두 크게 웃었습니다.

1) 라흐만 씨가 고향 집에 갔을 때 가족에게 무슨 일이 있었습니까?

_____

2) 아버지의 직업은 무엇입니까? 또 성격은 어떻습니까?

_____

3) 윗글의 내용과 같으면 ◯, 다르면 ✕ 하세요.

❶ 라흐만 씨 가족은 보통 조용한 편이다.　　　　　(　　　)

❷ 라흐만 씨 아버지와 동생은 어머니 선물을 샀다.　(　　　)

❸ 라흐만 씨는 밖에 나가는 대신에 저녁 식사를 준비했다.　(　　　)

❹ 라흐만 씨는 부모님 결혼기념일에 같이 저녁 식사를 했다.　(　　　)

> **단어장**
>
> 설레다
> 시끄럽다
> 다투다
> 동호회
> 달라지다
> 눈을 흘기다

1. 여러분의 성격은 어떻습니까? 자신의 성격에 대해 메모해 보세요.

성격	구체적인 상황 · 예시
장점	
단점	

2. 위의 메모를 바탕으로 자신의 성격에 대해 장점과 단점을 써 보세요.

성격과 직업

　자신의 성격을 잘 알면 직업을 선택할 때 도움이 된다. 워크넷(www.work.go.kr)에서는 다양한 성격 검사를 통해 자신에게 맞는 직업을 찾아볼 수 있다. 이에 따르면 사람의 성격은 현실형(R), 탐구형(I), 예술형(A), 사회형(S), 진취형(E), 관습형(C)의 여섯 가지 유형으로 나눌 수 있다.

　현실형(R)은 분명하고 질서 있는 것을 좋아한다. 이 유형의 사람은 현실적이고 신중하며 솔직하지만 고집이 센 편이다. 기술자, 농부, 군인, 경찰, 운동선수 등의 직업과 어울린다. 탐구형(I)은 관찰과 지적인 활동을 좋아한다. 이 유형의 사람은 분석적이고 독립적이지만 내성적인 편이다. 학자, 분석가 등의 직업과 어울린다. 이런 방식으로 하여 예술형(A), 사회형(S), 진취형(E), 관습형(C)도 각각의 성격 특징과 그에 맞는 직업군이 워크넷에 나와 있다. 자신의 성격에 맞는 직업이 무엇인지를 알아보고자 한다면 워크넷을 참고하는 것도 의미가 있을 듯하다.

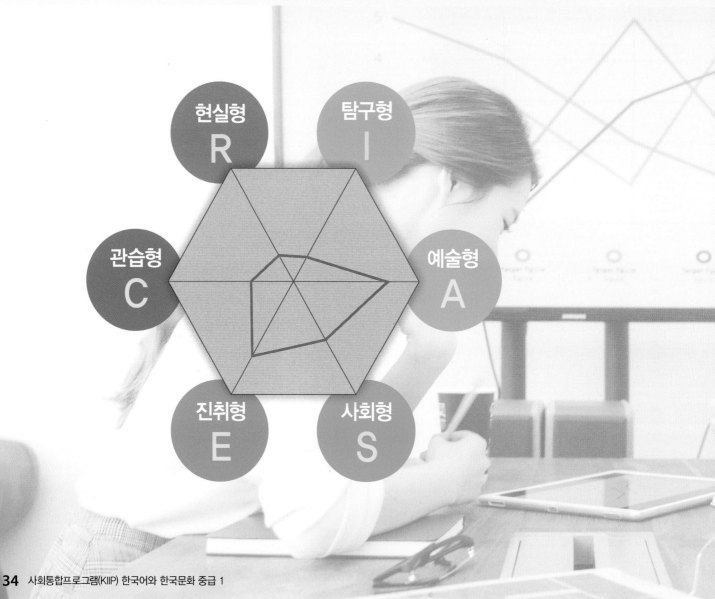

1) 사람의 성격을 나누는 6가지 유형은 무엇입니까?

2) 현실형(R), 탐구형(I)의 성격적 특징은 무엇입니까?

3) 여러분 주변 사람들 중 누구에게 어떤 직업을 추천해 주고 싶습니까?

배운 어휘 확인

- ☐ 외향적이다
- ☐ 내성적이다
- ☐ 적극적이다
- ☐ 소극적이다
- ☐ 꼼꼼하다
- ☐ 덜렁거리다
- ☐ 다정하다
- ☐ 무뚝뚝하다
- ☐ (성격이) 느긋하다
- ☐ (성격이) 급하다
- ☐ 활발하다
- ☐ 동아리
- ☐ 봉사
- ☐ 습관
- ☐ (계획을) 세우다
- ☐ 장기 자랑
- ☐ 앞에 나서다
- ☐ 낯설다

- ☐ 공무원
- ☐ 네일 아티스트
- ☐ 유머 감각이 많다
- ☐ 설레다
- ☐ 시끄럽다
- ☐ 다투다
- ☐ 동호회
- ☐ 달라지다
- ☐ 눈을 흘기다

3 지역 복지 서비스

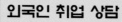

외국인 취업 상담

어휘: 지역 복지 서비스

문법: 통형 -는지 알다/모르다

　　　통 -다가

활동: 복지 시설 이용 방법 말하기

　　　지역 복지 서비스 소개하기

문화와 정보: 다문화이주민플러스센터

결혼이민자취업박람

- 이 사람들은 지금 어디에서 무엇을 하고 있어요?
- 여러분은 복지 서비스를 이용해 본 적이 있어요?

1. 한국 생활을 도와주는 서비스에는 무엇이 있어요?

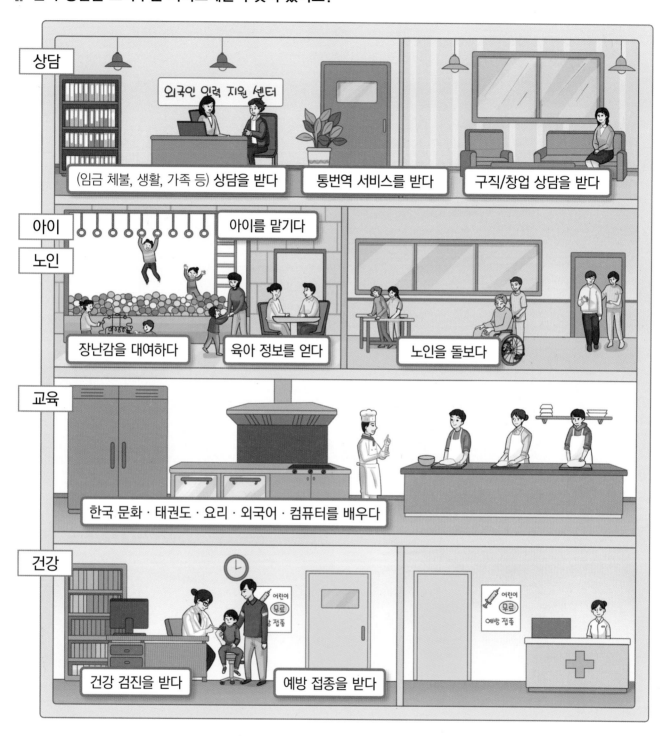

상담
- (임금 체불, 생활, 가족 등) 상담을 받다
- 통번역 서비스를 받다
- 구직/창업 상담을 받다

아이
노인
- 아이를 맡기다
- 장난감을 대여하다
- 육아 정보를 얻다
- 노인을 돌보다

교육
- 한국 문화 · 태권도 · 요리 · 외국어 · 컴퓨터를 배우다

건강
- 건강 검진을 받다
- 예방 접종을 받다

외국인 인력 지원 센터

2. 여러분은 무슨 복지 서비스를 이용해 봤어요? 무엇을 이용해 보고 싶어요?

저는 나중에 커피숍을 하고 싶어요.
그래서 상담 센터에 가서 창업 상담을 받고 싶어요.

1 동형 -는지 알다/모르다

어떠한 정보에 대해 알거나 모르고 있음을 말할 때 사용한다.

안젤라: 어디에서 예방 접종을 하는지 알아요?
고 천: 네, 알아요. 보건소에서 해요.

예문
- 가: 문화 체육 센터에서 무엇을 배우는지 알아요?
  나: 네, 제과 제빵하고 한식 조리를 배울 수 있어요.
- 외국인도 복지 서비스를 이용할 수 있는지 아는 사람이 많지 않다.
- 상담 센터가 몇 시에 문을 여는지 몰라서 홈페이지를 찾아보았다.

-는지 알다/모르다	• 가다 → 가는지 알다/모르다 • 읽다 → 읽는지 알다/모르다
-은지 알다/모르다	• 좋다 → 좋은지 알다/모르다
-ㄴ지 알다/모르다	• 싸다 → 싼지 알다/모르다

Tip 명사일 경우 '명인지 알다'의 형태를 사용한다. 모르는 사실을 말할 때는 '동-는지 모르다, 형-은지 모르다'를 사용한다.

1. 그림을 보고 보기와 같이 친구와 이야기해 보세요.

어디에서 상담을 받을 수 있는지 아세요?

어디에서 상담을 받을 수 있어요?

보기

네, 알아요. 4층 상담 센터예요.

4층 상담 센터

1)

아이의 예방 접종 비용이 얼마예요?
무료

2)

문화 체육 센터에 무슨 수업이 있어요?
태권도, 요리

3)

어디에서 장난감을 빌릴 수 있어요?
육아 종합 지원 센터

2. 우리 동네 복지 서비스에 대해서 알고 싶은 것을 친구들과 이야기해 보세요.

- 요리를 배울 수 있는 곳
- 상담을 받을 수 있는 곳

한국 요리를 어디에서 배울 수 있는지 알아요?

네, 학교 근처에 있는 문화 체육 센터에서 배울 수 있어요.

2 동-다가

어떠한 행위나 상태가 중단되고 다른 것으로 전환됨을 나타낸다.

제이슨: 요즘도 컴퓨터를 배워요?

고　천: 아니요, 컴퓨터 학원에 **다니다가** 어려워서
　　　　요리 수업으로 바꿨어요.

예문

• 가: 요즘도 외국인 인력 지원 센터에서 구직 상담을
　　　받으세요?

　나: 아니요. 지난달까지 구직 상담을 **받다가** 얼마 전에
　　　취직해서 지금은 받지 않아요.

• 영화를 **보다가** 재미없어서 나왔어요.

• 책을 **읽다가** 친구가 와서 밖에 나갔어요.

-다가		
• 가다	→	**가다가**
• 먹다	→	**먹다가**
• 청소하다	→	**청소하다가**

---

1. 보기 와 같이 이야기해 보세요.

> 공부하다가 모르는 단어가 있어서
> 사전을 찾았어요.

	전에 하던 행동	이유	새로운 행동, 상태
보기	공부하다	모르는 단어가 있다	사전을 찾다
1)	텔레비전을 보다	재미가 없다	잠이 들다
2)	휴대폰으로 통화하다	엘리베이터를 타다	전화가 끊어지다
3)	책을 읽다	커피를 쏟다	책이 젖다
4)	요리책을 보고 요리를 하다	따라하기 어렵다	문화 체육 센터에서 요리 수업을 듣다

---

2. 여러분은 하다가 그만둔 일이 있어요? 친구들과 이야기해 보세요.

> • 매일 아침 운동을 하다
> •
> •

> 매일 아침 운동을 하다가
> 너무 힘들어서 포기했어요.

1. 후엔 씨와 미호 씨가 복지 시설 이용에 대해 이야기합니다. 다음 대화처럼 이야기해 보세요.

후엔: 어머, 미호 씨. 컴퓨터를 배우세요?

미호: 네, 혼자 책 보고 공부하다가 요즘은 동네에 있는 문화 체육 센터에서 배우고 있어요.

후엔: 와, 저는 우리 동네에 그런 시설이 있는지 몰랐어요. 수업은 언제 해요?

미호: 매주 화요일과 목요일 오후 7시부터 8시까지 해요. 요리, 수영, 컴퓨터 등 다양한 프로그램이 있으니까 한번 알아보세요.

후엔: 그렇군요. 저도 알아봐야겠어요.

미호: 매달 마지막 주에 일주일 동안 신청을 받아요. 자세한 것은 문화 체육 센터 홈페이지에 나와 있으니까 들어가 보세요.

3-3 EBOOK

1) 컴퓨터를 배우다 | 혼자 책 보고 공부하다, 문화 체육 센터에서 배우다

2) 요가를 배우다 | 집에서 동영상을 보고 운동하다, 무료 체육 시설에서 배우다

2. 아래는 프로그램 안내문입니다. 무엇을 수강하고 싶은지 이야기해 보세요.

○ **행복 문화 체육 센터 프로그램**

	요일	시간	내용	금액
수영	월~금	오전 6~7시	초급	5만 원
컴퓨터 1	화, 목	오후 7~8시	초급	3만 원
컴퓨터 2	화, 목	오후 8~9시	중급	3만 원
한국 요리	수	오전 10~11시	일반 가정식	재료비
태권도	월~금	오전 8~9시	초급	5만 원
K-POP 댄스	월, 수, 금	오후 5~6시	취미반	3만 원

*1회 무료 체험 가능. 65세 이상은 50% 할인

1. 여러분은 강좌를 신청해 본 적이 있습니까? 강좌를 신청하기 전에 무엇을 확인하고 싶습니까?

지금 등록 가능해요?

등록비는 얼마인지 좀 알려 주세요.

교육 내용이 뭔지 좀 알 수 있을까요?

2. 후엔 씨와 외국인 종합 복지 센터 직원이 이야기합니다. 잘 듣고 질문에 답해 보세요.

3-L.mp3

1) 후엔 씨는 어느 프로그램에 등록하고 싶었습니까?

_____

2) 등록비는 얼마입니까?

_____

3) 들은 내용과 같으면 ○, 다르면 X 하세요.

❶ 초급 컴퓨터 프로그램은 지금 자리가 있다.   (   )

❷ 중급 컴퓨터 프로그램은 신청할 수 있다.   (   )

❸ 수업은 화요일과 목요일에 한다.   (   )

3-P.mp3

발음

문의 ➡ [무늬, 무니]

문의[무늬, 무니]
편의[펴늬, 펴니]
논의[노늬, 노니]

다음을 듣고 따라 읽으세요.

1) 다른 **문의** 사항은 없으세요?
2) 공항에 무슨 **편의** 시설이 있어요?
3) 그 문제에 대해서는 현재 **논의**가 활발하다.

1. 다음의 포스터를 보고 무슨 복지 서비스에 대한 포스터인지 이야기해 보세요.

겨울철 독감 예방 접종

어린이, 임산부, 어르신
무료로 받으세요!

무료 상담

외국인 주민들을 위한

임금 체불, 퇴직금,
산업 재해, 출입국,
근무 조건, 의료 상담

통번역 상담 가능

온라인 및 전화 신청

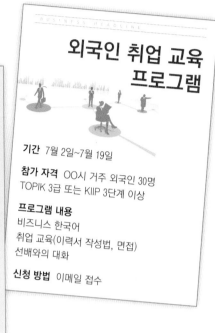

외국인 취업 교육
프로그램

기간 7월 2일~7월 19일

참가 자격 OO시 거주 외국인 30명
TOPIK 3급 또는 KIIP 3단계 이상

프로그램 내용
비즈니스 한국어
취업 교육(이력서 작성법, 면접)
선배와의 대화

신청 방법 이메일 접수

2. 다음 제목을 보고 무엇에 대한 기사인지 이야기해 보세요.

찾아가는 방문 상담으로
'완전한 정착' 돕는다

결혼 이민자 및 외국인을 위한
'생활 통역 서비스' 시작

복지시 복지 재단, 항공료, 숙박비 등
다문화 가정 친정 방문 지원

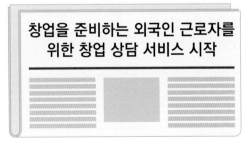

창업을 준비하는 외국인 근로자를
위한 창업 상담 서비스 시작

3. 다음은 복지 센터에 대한 기사입니다. 잘 읽고 질문에 답해 보세요.

○○신문 | 20XX년 9월 15일

이민자와 다문화 가족을 위한 복지 센터 문 열어

○○시 외국인 복지 센터가 오는 9일 문을 연다. 이민자와 다문화 가족을 위한 복지 센터는 국제 문화 교류실, 공동체 모임방, 상담실, 교육실, 강당 등 다양한 시설을 갖추고 있다.

1층은 국가별 영화 상영과 전시 등을 통해 지역 주민들에게 세계 문화를 소개하고 서로의 문화를 이해하는 사회 통합의 장으로 활용된다. 현재 2층과 3층에는 종합 복지 센터와 글로벌 아동 센터가 각각 운영되고 있다.

종합 복지 센터는 이민자들을 대상으로 개인·가족 상담, 방문 서비스 교육, 한국어 교육,

취업 교육 등을 운영하고 있다. 상담은 통번역 서비스가 제공되어 이민자들이 일상생활에서 겪는 생활 고충의 해결을 돕는다.

글로벌 아동 센터는 12세 이하 다문화 아동과 18세 이하 중도 입국 청소년을 대상으로 복지·교육·보건 등의 서비스를 제공 중이다. 같은 건물에 위치한 보건소에서는 이민자들과 지역 주민들에게 건강 검진, 예방 접종 등의 의료 서비스를 제공한다.

○○신문 | 김가영 기자

1) 무엇에 대한 기사입니까?

_____

2) 종합 복지 센터에서 제공하는 서비스가 <u>아닌</u> 것을 고르세요.

❶ 가족 상담　　　　　　　❷ 통번역 교육

❸ 한국어 교육　　　　　　❹ 방문 서비스

3) 윗글의 내용과 같으면 ○, 다르면 X 하세요.

❶ 새로 문을 연 복지 서비스 시설에서는 영화를 볼 수 있다. (　　　)

❷ 종합 복지 센터는 2층에 있다. (　　　)

❸ 글로벌 아동 센터는 12세 이하 어린이만 이용할 수 있다. (　　　)

단어장

교류실
장
활용되다
고충

1. 여러분이 이용해 본 지역 복지 서비스는 무엇이 있습니까?

• 무슨 복지 서비스를 이용해 봤습니까?	
• 어떻게 그 서비스를 알았습니까?	
• 그 서비스는 무엇이 좋습니까?	
• 그 서비스를 이용하는 방법은 무엇입니까?	

2. 위의 내용을 바탕으로 여러분이 다른 사람에게 소개하고 싶은 복지 서비스에 대해 소개하는 글을 써 보세요.

다문화이주민⁺센터 (다문화이주민플러스센터)

한국에 거주하는 외국인이나 다문화 가족을 대상으로 한 다양한 서비스가 다문화이주민⁺센터(다문화이주민플러스센터)로 통합된다. 다문화이주민플러스센터는 각 지자체와 법무부, 행정안전부, 고용노동부 등 각 부처에서 따로 제공하던 서비스를 통합하여 제공하는 복합 서비스 기관이다.

다문화이주민플러스센터에서는 법무부의 외국인 등록과 체류 기간 연장, 고용노동부의 고용 허가는 물론이고 결혼 이민자를 대상으로 하는 여성가족부의 가족 상담, 방문 교육, 통역 서비스 등 국내 체류 외국인에게 필요한 행정 서비스를 모두 제공받을 수 있다.

처음 설립 당시에는 경기 양주 · 이천 · 파주 · 안산 · 수원 · 남양주 · 시흥, 인천 중구, 충남 아산, 경남 양산 등 10개 지역에서 시범적으로 운영되었으나 현재는 충남 천안, 전북 익산 등 더 많은 지역으로 점차 확대되고 있다.

1) 다문화이주민플러스센터는 어떤 기관입니까?
2) 이곳에서는 어떤 서비스를 받을 수 있습니까?
3) 여러분이 필요로 하는 서비스는 무엇입니까?

- ☐ 상담을 받다
- ☐ 통번역 서비스를 받다
- ☐ 구직/창업 상담을 받다
- ☐ 아이를 맡기다
- ☐ 장난감을 대여하다
- ☐ 육아 정보를 얻다
- ☐ 노인을 돌보다
- ☐ 한국 문화를 배우다
- ☐ 건강 검진을 받다
- ☐ 예방 접종을 받다
- ☐ 임금 체불
- ☐ 산업 재해
- ☐ 근무 조건
- ☐ 의료 상담
- ☐ 참가 자격
- ☐ 정착
- ☐ 교류실

- ☐ 장
- ☐ 활용되다
- ☐ 고충

4 교환과 환불

어휘: 교환, 환불

문법: 동-을 만하다

　　　동형-어 가지고

활동: 교환, 환불하기

　　　교환, 환불에 대한 주의 사항 읽기

문화와 정보: 소비자 상담 센터

서비스데스크

교환·환불

교환/환불 안내 🛒

교환 및 환불은
영수증을 지참하여
구매일 포함 **7일 이내**
가능합니다.

교환/환불 가능   영수증 지참   **7일** 7일 이내

제품 사용, 훼손 시
교환/환불 불가

태그, 라벨 제거 시
교환/환불 불가

- 이 사람들은 지금 뭘 하려고 해요?
- 여러분도 이런 경험이 있어요?

1. 물건에 어떤 문제가 있어요?

사이즈가 작다

색상이 다르다

바지가 헐렁하다

바지가 끼다

얼룩이 있다

단추가 떨어지다

바느질이 잘못되다

디자인이 마음에 안 들다

2. 물건에 문제가 있을 때는 어떻게 해요? 이야기해 보세요.

교환하다

고객 센터에 문의하다

환불하다

소비자 상담 센터에 상담하다

1 동 -을 만하다

어떤 행동을 하는 것이 가능함을 의미하거나 그 행동이 가치가 있음을 나타낸다.

예문

• 가: 사회통합프로그램 3단계 공부가 어때요?

  나: 2단계보다 어렵지만 공부할 만해요.

• 물냉면은 맵지 않아서 먹을 만해요.

• 요즘 볼 만한 영화가 있으면 소개해 주세요.

후 엔: 이 책상은 좀 오래돼서 이제 바꿔야겠어요.

박민수: 이 책상요? 오래됐지만 아직 튼튼해서 쓸 만해요.

-을 만하다	• 먹다 → 먹을 만하다
	• 읽다 → 읽을 만하다
-ㄹ 만하다	• 보다 → 볼 만하다
	• 가다 → 갈 만하다

---

1. 그림을 보고 보기 와 같이 친구와 이야기해 보세요.

보기

바지가 짧지요?

바지가 짧다   입다

바지가 짧지만 입을 만해요.

1) 가격이 비싸다   사다

2) 회사가 멀다   출퇴근하다   40분

3) 조금 어렵다   읽다

---

2. 쓸 만하지만 새로 사고 싶은 물건이 있으면 이야기해 보세요.

작년에 산 운동화가 아직 신을 만한데
새 디자인으로 또 사고 싶어요.

2 동 형 -어 가지고

주로 구어에서 앞 내용이 뒤 내용의 방법, 원인, 이유를 나타낼 때 사용한다.

직원: 무슨 일로 오셨어요?

이링: 사이즈가 좀 작아 가지고 큰 사이즈로 교환하려고요.

예문

• 가: 왜 지난주 회식에 안 왔어요?

   나: 고향 친구가 와 가지고 집에 일찍 갔어요.

• 어제 잠을 못 자 가지고 아주 피곤해요.

• 새 자동차는 비싸 가지고 지금 못 사겠어요.

-아 가지고	• 사다	→ 사 가지고
	• 많다	→ 많아 가지고
-어 가지고	• 먹다	→ 먹어 가지고
	• 예쁘다	→ 예뻐 가지고
-해 가지고	• 환불하다	→ 환불해 가지고
	• 친절하다	→ 친절해 가지고

1. 그림을 보고 보기 와 같이 친구와 이야기해 보세요.

왜 환불했어요?

보기

얼룩이 있어 가지고 환불했어요.

얼룩이 있다   환불하다

1)

비빔냉면이 맵다   안 먹다

2)

음식을 많이 먹다   소화제를 먹다

3)

바지가 헐렁하다   교환하다

2. 교환이나 환불의 경험이 있으면 이야기해 보세요.

무슨 문제가 있었어요?

신발 사이즈가 작아 가지고 교환을 했어요.

1. 옷 가게에서 라흐만 씨가 직원과 이야기합니다. 다음 대화처럼 이야기해 보세요.

직　원: 어서 오세요. 무엇을 도와드릴까요?

라흐만: 어제 산 건데 단추가 떨어져 가지고 교환하고 싶은데요.

직　원: 아, 그러세요? 잠시 제품 먼저 확인해 보겠습니다. (잠시 후) 이거 새 제품인데 색상이나 디자인이 맞는지 확인해 보시겠어요?

라흐만: 이거 좋습니다.

직　원: 그럼 이걸로 교환해 드리겠습니다. 결제하신 카드하고 영수증은 가지고 오셨지요?

라흐만: 네, 여기요.

직　원: 이 제품도 교환이나 환불 원하시면 일주일 이내에 가격표 제거하지 마시고 가져오세요.

3-4 EBOOK

1) 단추가 떨어지다 ｜ 색상이나 디자인이 맞는지 확인하다

2) 얼룩이 있다 ｜ 다른 문제가 없는지 확인하다

2. 아래 상황에 맞게 교환하려는 손님과 가게 직원이 되어 대화해 보세요. 그리고 여러분의 경험도 이야기해 보세요.

교환하고 싶은 물건

- 티셔츠
- 바지
- 가방

교환하고 싶은 이유

- 디자인이 마음에 안 들다
- 바지가 끼다
- 사이즈가 작다

단어장

치수

1. 여러분은 인터넷 쇼핑을 한 적이 있습니까? 인터넷 쇼핑을 할 때 어떤 문제가 있었는지 이야기해 보세요.

2. 라민 씨와 이링 씨가 이야기합니다. 잘 듣고 질문에 답해 보세요.

1) 라민 씨는 어디에서 쇼핑을 자주 합니까?

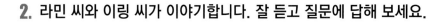

2) 이링 씨는 무엇을 가장 걱정하고 있습니까?

3) 들은 내용과 같으면 ○, 다르면 X 하세요.

❶ 라민 씨는 시간이 있을 때 백화점에 가서 쇼핑을 한다. ( )

❷ 인터넷 쇼핑은 교환은 쉽지만 환불하기는 어려웠다. ( )

❸ 인터넷 쇼핑에서는 교환과 환불이 모두 공짜이다. ( )

단어장

실수
택배비
추천하다

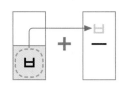 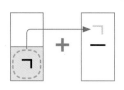

입을 만해요[이블 만해요]

먹을 만해요[머글 만해요]

읽을 만한[일글 만한]

다음을 듣고 따라 읽으세요.

1) 이 옷은 따뜻해서 환절기에 입을 만해요.

2) 가: 사람들에게 인기가 많은 식당인데 맛이 어때요?

　　나: 많은 사람들이 줄을 서서 먹을 만해요.

3) 가: 한국 소설 중에서 읽을 만한 책 좀 소개해 주세요.

　　나: 이 책을 읽어 보세요. 요즘 베스트셀러예요.

1. 다음 표현을 보고 서로 관계가 있는 것을 연결해 보세요.

의미

물건을 사용하지 못하게 하다 •

닫힌 것을 드디어 열다 •

할 수 있거나 될 수 있다 •

표현

• 가능하다

• 개봉하다

• 훼손하다

2. 교환이나 환불이 언제 가능하고 불가능한지 그림을 보고 이야기해 보세요.

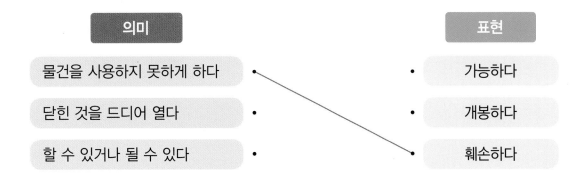

우리 운동화

서울 영등포구 양평로 123
2020/05/09 NO: 23007

1) 구입 후 한 달 이내 반드시 영수증이
있어야만 교환, 환불이 가능합니다. (단,
신선식품, 냉동식품의 경우 7일 이내)
2) 판매 가능한 상품일 경우 구입 가격으로
환불, 교환이 가능합니다. (단, 박스 파손,
의류 수선 시 불가, 증정품이 있을 경우
반납 후 가능)
3) 교환/환불은 구매점에서만 가능합니다
(결제 카드 지참).

여성 런닝화	1	78,000
과세 물품과액		70,909
부가세		7,091
합계		78,000
결제금액		**78,000**
카드결제액		78,000

1) 구입 후 한 달 이내 반드시 영수증이 있어야만 교환, 환불이
가능합니다. (단, 신선식품, 냉동식품의 경우 7일 이내)

2) 판매 가능한 상품일 경우 구입 가격으로 환불, 교환이 가능합니다.
(단, 박스 파손, 의류 수선 시 불가, 증정품이 있을 경우 반납 후 가능)

3) 교환/환불은 구매점에서만 가능합니다(결제 카드 지참).

정상 제품
- 박스 미개봉의 경우 1개월 이내 교환, 환불이 가능합니다.
  (박스 개봉 시 교환, 환불 불가능)

불량 제품
- 10일 이내 매장을 방문할 경우 환불이 가능합니다.
- 1달 이내 매장을 방문할 경우 교환 또는 A/S가 가능합니다.
  (단, 영수증 지참)

정상 제품
- 상품의 포장을 개봉, 훼손한 경우 교환, 환불이
  불가능합니다.

불량 제품
- 10일 이내 영수증을 가지고 오시면 교환, 환불이
  가능합니다.

3. 다음은 교환 및 환불 문의에 대한 글입니다. 잘 읽고 질문에 답해 보세요.

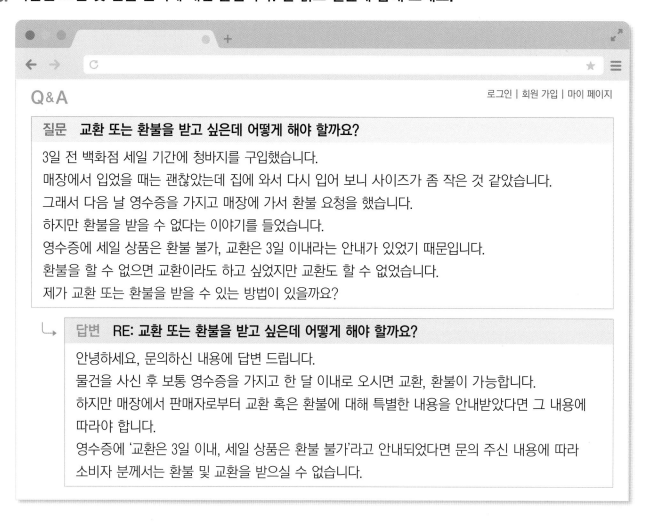

Q&A
로그인 | 회원 가입 | 마이 페이지

> **질문**   교환 또는 환불을 받고 싶은데 어떻게 해야 할까요?
>
> 3일 전 백화점 세일 기간에 청바지를 구입했습니다.
> 매장에서 입었을 때는 괜찮았는데 집에 와서 다시 입어 보니 사이즈가 좀 작은 것 같았습니다.
> 그래서 다음 날 영수증을 가지고 매장에 가서 환불 요청을 했습니다.
> 하지만 환불을 받을 수 없다는 이야기를 들었습니다.
> 영수증에 세일 상품은 환불 불가, 교환은 3일 이내라는 안내가 있었기 때문입니다.
> 환불을 할 수 없으면 교환이라도 하고 싶었지만 교환도 할 수 없었습니다.
> 제가 교환 또는 환불을 받을 수 있는 방법이 있을까요?

> **답변**   RE: 교환 또는 환불을 받고 싶은데 어떻게 해야 할까요?
>
> 안녕하세요, 문의하신 내용에 답변 드립니다.
> 물건을 사신 후 보통 영수증을 가지고 한 달 이내로 오시면 교환, 환불이 가능합니다.
> 하지만 매장에서 판매자로부터 교환 혹은 환불에 대해 특별한 내용을 안내받았다면 그 내용에 따라야 합니다.
> 영수증에 '교환은 3일 이내, 세일 상품은 환불 불가'라고 안내되었다면 문의 주신 내용에 따라 소비자 분께서는 환불 및 교환을 받으실 수 없습니다.

1) 이 사람은 무엇을 하고 싶습니까? _____

2) 이 사람은 교환, 환불을 받을 수 있습니까? 그 이유는 무엇입니까?

_____

3) 다음 사람 중 교환, 환불을 할 수 있는 사람은 누구입니까?

라흐만
물건을 구입한 다음 7일이 지나기 전에 환불을 신청했다.

제이슨
현금으로 물건을 사고 영수증이 필요 없어서 찢어 버렸다.

이링
책을 사고 포장을 뜯어 보니 마음에 들지 않아 교환을 하러 갔다.

안젤라
커피 기계를 사고 한 번 사용했지만 불편해서 다른 회사 기계로 교환을 하고 싶다.

단어장
문의하다
보통
판매자
특별하다
세일 상품
소비자

1. 물건을 사고 교환 또는 환불을 한 경험에 대해 써 보세요.

❶ 구입 물품

❷ 구입 시기

❸ 교환 또는 환불 이유

2. 여러분이 교환 또는 환불을 한 경험에 대해 써 보세요.

소비자 상담 센터

우리 사회에는 피해를 입는 소비자가 많이 생겨나고 소비자와 사업자 사이의 분쟁도 많이 발생한다. 소비자 상담 센터는 소비자의 고충을 들어주고 피해를 구제받을 수 있도록 도와주는 일을 한다.

소비자가 피해를 구제받기 위해서는 정부 산하 기관인 한국소비자원에 피해 구제 신청을 해야 하는데 소비자 상담 센터가 바로 그러한 신청을 대신해 준다. 소비자 상담 센터는 소비자의 편에서 일을 하는 여러 단체와 한국소비자원, 지방 자치 단체가 협력하여 운영하는 기관으로서 소비자의 여러 문제에 대하여 빠르고 편리하게 상담해 주고 해결 방법을 제시해 준다.

소비자가 상담을 받고 싶으면 국번 없이 1372번으로 전화를 하거나 인터넷 홈페이지(www.ccn.go.kr)를 이용하면 된다.

1) 소비자 상담 센터는 무슨 일을 하는 곳입니까?
2) 소비자 상담 센터를 이용하려면 어떻게 해야 합니까?
3) 여러분 고향에서는 소비자 피해가 발생하면 어떻게 해결합니까?

배운 어휘 확인

☐ 사이즈가 작다	☐ 훼손하다
☐ 색상이 다르다	☐ 구입하다
☐ 바지가 헐렁하다	☐ 신선식품
☐ 바지가 끼다	☐ 냉동식품
☐ 얼룩이 있다	☐ 파손
☐ 단추가 떨어지다	☐ 수선하다
☐ 바느질이 잘못되다	☐ 불가능
☐ 디자인이 마음에 안 들다	☐ 증정품
☐ 교환하다	☐ 반납하다
☐ 환불하다	☐ 구매점
☐ 고객 센터에 문의하다	☐ 미개봉
☐ 소비자 상담 센터	☐ 포장하다
☐ 상담하다	☐ 문의하다
☐ 치수	☐ 판매자
☐ 실수	☐ 특별하다
☐ 택배비	☐ 세일 상품
☐ 추천하다	☐ 소비자
☐ 가능하다	
☐ 개봉하다	

5 소비와 절약

어휘: 소비, 절약 방법

문법: 명이나/밖에

동형-는다고 하다

활동: 절약에 대해 조언하기

생활비 절약 방법 소개하는 글 쓰기

문화와 정보: 적금 가입하기

모두의 Check 카드

1234 5678 9123 4567

9999

MONTH/YEAR

VALID 10/25

THRU

- 이 사람들은 어디에서 돈을 지출하고 있어요?
- 여러분은 어디에 생활비가 가장 많이 들어요?

1. 생활비의 종류에는 어떤 것들이 있어요? 이야기해 보세요.

날짜	지출 내용		지출 항목
	택시비	•	• 식비
11/5	교통 카드 충전	•	• 통신비
	영화 관람	•	• 교육비
	점심값	•	• 의료비
11/18	커피	•	• 경조사비
	두통약	•	• 공과금
	영어 학원	•	• 교통비
	휴대 전화 요금	•	• 문화생활비
11/20	축의금	•	
	전기 요금	•	

2. 생활비를 절약하려면 어떻게 해야 할까요?

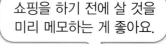

쇼핑을 하기 전에 살 것을 미리 메모하는 게 좋아요.

살 것을 미리 메모하다

가계부를 쓰다

할인 카드로 결제하다

포인트를/쿠폰을 적립하다

충동구매를 하지 않다

1 명이나/밖에

수량이 예상보다 크거나 많음, 예상보다 작거나 적음을 나타낸다.

잠시드: 이번 달에 교통비로 12만 원을 썼어요.

반장님: 12만 원이나 썼어요? 왜 그렇게 많이 썼어요?.

예문

• 가: 노트북을 사용할 때 자꾸 화면이 꺼져요.

  나: 산 지 1년밖에 안 됐는데 벌써 고장 난 거예요?

• 저는 하루에 커피를 다섯 잔이나 마셔요.

• 이번 달에는 통신비가 27,000원밖에 안 나왔어요.

이나	• 16만 원 → 16만 원**이나**
	• 다섯 명 → 다섯 명**이나**
나	• 10개 → 10개**나**
	• 두 대 → 두 대**나**
밖에	• 27,000원 → 27,000원**밖에**
	• 1개 → 1개**밖에**

1. 보기와 같이 친구와 이야기해 보세요.

> 저는 한 달에 교육비로 45만 원 정도 써요.

> 45만·원이나 써요? 저는 20만 원밖에 안 써요.

	지출 내용	고천 씨	후엔 씨
보기	교육비	45만 원	20만 원
1)	식비	58만 원	35만 원
2)	난방비	32만 원	16만 원
3)	한국어를 공부하는 시간	하루에 4시간	하루에 1시간
4)	잠을 자는 시간	9시간	5시간

2. 여러분의 생활에 대해 친구들과 이야기해 보세요.

• 공과금

• 운동하는 시간

• 취미 생활을 하는 시간

단어장

난방비

2 동 형 -는다고 하다

주로 다른 사람에게서 들은 내용을 전달할 때 사용한다.

라민: 오늘부터 항공권 할인 행사가 시작된다고 해요.
친구: 그래요? 빨리 예약해야겠네요.

예문

- 가: 물건을 사기 전에 인터넷으로 가격 비교를 하는 게 좋다고 해요.

  나: 그래요? 그럼 아이 장난감 가격을 검색해 봐야겠어요.
- 중고 매장에 가면 필요한 물건을 싸게 살 수 있다고 해요.
- 은행에서 매년 고객에게 선물을 주는데 이번에는 가계부라고 해요.

-는다고 하다	• 물려받다 → 물려받는다고 하다
-ㄴ다고 하다	• 아끼다 → 아낀다고 하다
-다고 하다	• 싸다 → 싸다고 하다
	• 저렴하다 → 저렴하다고 하다

Tip '명이다'는 '명이라고 하다'를 사용한다.

---

1. 다음 보기 와 같이 친구에게 들은 이야기에 대해 이야기해 보세요.

돈을 절약하려면 어떻게 하는 게 좋을까요? 친구들에게 들은 이야기를 말해 보세요.

보기 잠시드 직접 수리하면 비용을 아낄 수 있어요.

잠시드 씨가 직접 수리하면 비용을 아낄 수 있다고 해요.

1) 라민 미리 항공권을 예약하면 저렴해요.

2) 이링 중고차를 구입하면 싸요.

3) 안젤라 이웃에게 아이의 교복을 물려받으면 좋아요.

---

2. 여러분이 최근에 들은 뉴스나 기사에 대해 '-는다고 하다'를 사용해서 이야기해 보세요.

- 날씨
- 생활 정보

단어장

수리하다
중고차
물려받다

1. 후엔 씨가 이웃과 생활비에 대해 이야기합니다. 다음 대화처럼 이야기해 보세요.

아주머니: 후엔 씨, 뭘 그렇게 보고 있어요?

후　　엔: 이번 달 난방비가 29만 원이나 나왔어요. 생각보다 너무 많이 나와서 어떻게 해야 할지 모르겠어요.

아주머니: 어떻게 그렇게 많이 나왔어요?

후　　엔: 한국 겨울 날씨가 너무 추워서 계속 보일러를 틀었거든요.

아주머니: 그렇게 하면 안 돼요. 그럴 때는 온도를 조금 내리고 옷을 따뜻하게 입는 게 난방비를 절약할 수 있는 방법이라고 해요.

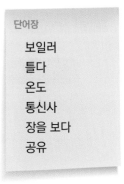
3-5 EBOOK

1) 난방비가 29만 원이나 나오다, 한국 겨울 날씨가 너무 추워서 계속 보일러를 틀다 | 온도를 조금 내리고 옷을 따뜻하게 입다 ➡ 난방비를 절약할 수 있다

2) 통신비가 10만 원이나 나오다, 일이 생길 때마다 가족들과 통화를 하는 일이 많다 | 가족들의 통신사를 같은 것으로 하다 ➡ 통신비를 아낄 수 있다

2. 다음과 같은 상황에서 생활비 지출이 많은 사람과 생활비 절약 방법을 조언하는 사람이 되어 대화해 보세요.

생활비 지출이 많은 사람
- 가족들이 고기를 좋아해서 식비가 너무 많이 나오다
- 택시를 자주 타서 교통비가 많이 나오다

생활비 절약 방법을 조언하는 사람
- 필요한 것만 메모해서 장을 보다
- 공유 자전거를 이용하다

단어장

보일러
틀다
온도
통신사
장을 보다
공유

듣기

1. 여러분은 어떤 방법으로 생활비를 절약해 봤습니까?

2. 뉴스에서 소비 생활에 대해 이야기합니다. 잘 듣고 질문에 답해 보세요.

1) 주부 김미진 씨는 어떻게 가구를 저렴하게 샀다고 합니까?

_____

2) 20대 남자는 왜 인터넷에서 가격을 비교해 봅니까?

_____

3) 들은 내용과 같으면 ○, 다르면 X 하세요.

   ❶ 전시 상품은 새 상품보다 가격이 싸다.   (   )

   ❷ 계절과 반대되는 이월 상품은 저렴하게 살 수 있다.   (   )

   ❸ 많은 사람들이 물건을 살 때 실제 매장에 가서 산다.   (   )

> **단어장**
>
> 전시 상품
> 이월 상품
> 합리적이다

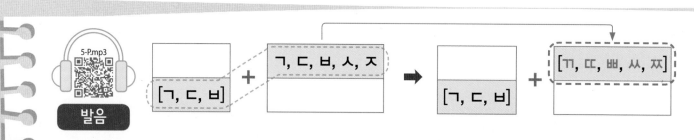

발음

[ㄱ, ㄷ, ㅂ] + ㄱ, ㄷ, ㅂ, ㅅ, ㅈ ➡ [ㄱ, ㄷ, ㅂ] + [ㄲ, ㄸ, ㅃ, ㅆ, ㅉ]

있었다고 [이썯따고]

있습니다 [읻씀니다]

틀었거든요 [트럳꺼든요]

다음을 듣고 따라 읽으세요.

1) 저렴하게 살 수 있었다고 합니다.
2) 할인된 가격에 구입할 수 있습니다.
3) 너무 추워서 계속 보일러를 틀었거든요.

1. 어떤 일을 하는 데에는 돈이 필요합니다. 다음 사람들의 고민을 읽고 이야기해 보세요.

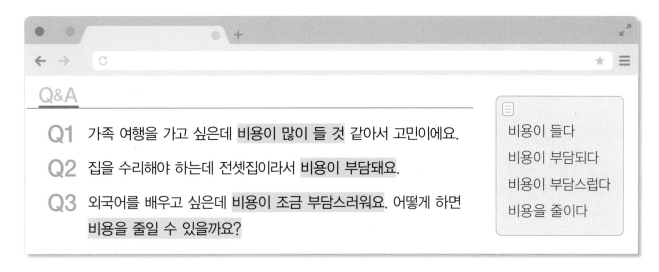

Q&A

Q1 가족 여행을 가고 싶은데 비용이 많이 들 것 같아서 고민이에요.

Q2 집을 수리해야 하는데 전셋집이라서 비용이 부담돼요.

Q3 외국어를 배우고 싶은데 비용이 조금 부담스러워요. 어떻게 하면 비용을 줄일 수 있을까요?

- 비용이 들다
- 비용이 부담되다
- 비용이 부담스럽다
- 비용을 줄이다

2. 물건을 살 때 비용을 아끼려면 어떻게 해야 할까요? 자신이 사용하는 방법을 이야기해 보세요.

좋은 물건 싸게 사는 법   CHECK LIST ✓

- ◯ 인터넷에서 가격 비교를 한다.
- ◯ 공동 구매를 이용한다.
- ✓ 새 상품이 아닌 중고 용품을 이용한다.
- ◯ 집 주변의 벼룩시장에서 자신에게 필요한 물건을 고른다.
- ◯ 주변 사람에게 필요한 물건을 물려받는다.
- ◯ 정반대 계절의 이월 상품을 이용한다.
- ◯ 가구나 가전제품은 전시 상품이나 흠집(스크래치)이 난 상품을 구입한다.
- ◯ 마트나 편의점에서 2+1 행사 상품을 산다.

3. 다음은 신문 기사의 내용입니다. 잘 읽고 질문에 답해 보세요.

○○신문 │ 20XX년 10월 20일

육아용품, 중고도 괜찮아

최근 어떤 기관에서 만 9세 이하의 자녀가 있는 부모 1,000명을 대상으로 중고 육아용품 구입 경험에 대한 설문 조사를 실시했다. 그 결과, 80%가 중고 육아용품을 구입한 경험이 있다고 했다. 그중에서 구입한 제품이 마음에 들고 괜찮았다는 대답은 64.2%로 높게 나타났고, 보통이었다는 대답이 23.8%, 생각한 것보다는 별로였다는 대답은 12%였다. 그리고 중고 육아용품을 구입한 사람 중에서 다시 중고 육아용품을 구입할 생각이 있다는 대답이 40%를 차지했다.

많은 부모들이 중고 육아용품을 구입하는 이유는 '비용을 줄일 수 있어서'라는 대답이 52.1%로 가장 높았고, '새 제품의 구입 비용이 부담돼서'라는 대답이 33.4%, '물건의 사용 기간이 짧아서'라는 대답이 14.5%였다.

한편, 중고 육아용품을 구입한 경험이 없다고 대답한 사람들 중에서 70%는 앞으로 중고 육아용품을 사거나 주변 사람들에게 물려받을 생각이 있다고 답했다. 이를 통해 많은 사람들이 육아용품을 중고로 사는 것에 대해 긍정적으로 생각하고 있는 것을 알 수 있었다.

1) 이 글은 무엇에 대해 설문 조사한 내용입니까?

_____

2) 설문 조사에서 한 질문으로 맞지 <u>않은</u> 것을 고르세요.

❶ "중고 육아용품을 왜 구입했습니까?"

❷ "중고 육아용품을 구입한 적이 있습니까?"

❸ "중고 육아용품을 구입해 보니까 어땠습니까?"

❹ "중고 육아용품을 다른 사람에게 준 적이 있습니까?"

3) 윗글의 내용과 같으면 ○, 다르면 X 하세요.

❶ 중고 육아용품이 괜찮다고 생각하는 사람이 많지 않다. ( )

❷ 비용이 저렴해서 중고 육아용품을 산다는 사람이 가장 많다. ( )

❸ 대부분의 사람들은 중고 육아용품을 구입해 본 적이 없다. ( )

단어장

육아용품
설문 조사
실시하다
차지하다
한편

1. 여러분은 매달 어디에 생활비를 가장 많이 사용합니까? 자신의 생활비 사용과 절약할 수 있는 방법에 대해 정리해 보세요.

	순위	절약 방법
식비		
교통비		
통신비		
교육비		
의료비		
공과금		
문화생활비		

2. 위의 생활비 가운데 한두 가지를 골라 절약할 수 있는 자신만의 방법을 소개하는 글을 써 보세요.

적금 가입하기

　일정 기간 동안 정해진 금액을 은행에 맡기는 것을 적금이라고 한다. 이때 은행에 맡긴 돈은 이자가 붙어서 더 큰돈이 된다. 최근 한국 내 은행의 적금 이율은 2% 정도이다. 적금 이율은 은행마다 다른데 가입 기간이나 금액에 따라 이자가 달라진다. 보통 가입 기간이 길면 이자가 더 많아진다.

　적금은 고객의 선택에 따라 정기 적금과 자유 적금으로 나눌 수 있다. 정기 적금은 정해진 날짜에 정해진 금액을 넣는 것이고 자유 적금은 넣고 싶을 때에 넣고 싶은 금액을 넣는 것이다. 월급을 모아 큰돈을 모으고 싶다면 정기 적금에, 직장에서 받는 돈이 매달 다르고 생활비로 얼마를 쓸지 예상하기가 어려운 사람은 자유 적금에 가입하는 것이 좋다. 적금에 가입하기 위해서는 우선 여러 은행의 이율을 비교해 보는 것이 필요하다. 은행을 결정한 후에는 여권이나 외국인 등록증을 가지고 은행을 방문하여 자세한 상담을 받는 것이 좋다.

1) 적금은 무엇입니까?
2) 정기 적금과 자유 적금의 차이는 무엇입니까?
3) 여러분은 경제적인 여유가 있으면 어떤 적금에 가입하고 싶습니까?

○○은행
착한 모바일 적금
모바일 계좌 개설
고금리에 수수료 면제 혜택까지!

앱 다운로드

○○은행

최대 연 2.5%
자유 적금 출시!!

최대 연 2.5% (1인 1계좌 한정)

배운 어휘 확인

☐ 지출	☐ 온도
☐ 축의금	☐ 통신사
☐ 식비	☐ 장을 보다
☐ 통신비	☐ 공유
☐ 교육비	☐ 전시 상품
☐ 의료비	☐ 이월 상품
☐ 경조사비	☐ 합리적이다
☐ 공과금	☐ 비용이 들다
☐ 문화생활비	☐ 비용이 부담되다
☐ 가계부	☐ 비용이 부담스럽다
☐ 결제하다	☐ 비용을 줄이다
☐ 포인트	☐ 공동 구매
☐ 쿠폰	☐ 벼룩시장
☐ 적립하다	☐ 정반대
☐ 충동구매	☐ 흠집
☐ 난방비	☐ 육아용품
☐ 수리하다	☐ 설문 조사
☐ 중고차	☐ 실시하다
☐ 물려받다	☐ 차지하다
☐ 보일러	☐ 한편
☐ 틀다	

6 주거 환경

어휘: 주거 지역의 지리적 환경

문법: 피동

　　　동-자고 하다

활동: 동네 주변 시설 소개하기

　　　지금 살고 있는 동네와 고향 동네 비교하기

문화와 정보: 과거와 현대의 명당

- 이 동네는 생활하기가 어떨 것 같아요?
- 여러분은 어떤 곳에서 살고 있어요?

1. 도시는 어떤 특징이 있어요? 살기에 어떨 것 같아요?

2. 농촌은 어떤 특징이 있어요? 살기에 어떨 것 같아요?

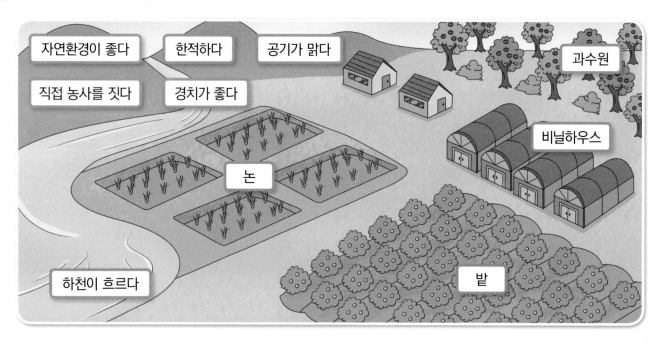

3. 여러분은 어떤 환경에서 살고 싶어요? 이야기해 보세요.

저는 공기가 맑고 한적한 곳에서 살고 싶어요.

1 피동

다른 힘에 의해 이루어지는 일을 나타낸다.

안젤라: 와, 방 안에서 산이 보이네요?

이　　링: 네, 경치가 좋지요?

예문
- 가: 왜 이렇게 늦었어요? 무슨 일이 있었어요?

  나: 퇴근 시간이라서 길이 많이 막혔어요.

- 자는 동안 모기한테 팔을 물려서 너무 가렵다.

- 친구와 전화를 하는 중에 갑자기 전화가 끊겼다.

-이-	보다 → 보이다	놓다 → 놓이다
-히-	잡다 → 잡히다	막다 → 막히다
-리-	열다 → 열리다	듣다 → 들리다
-기-	끊다 → 끊기다	쫓다 → 쫓기다

1. 그림을 보고 보기와 같이 친구와 이야기해 보세요.

왜 그래요? 무슨 일이에요?

보기

갑자기 엘리베이터가 흔들렸어요.

갑자기 엘리베이터가 흔들리다

1)

기숙사 문이 잠기다

2)

저쪽에서 비명 소리가 들리다

3)

아무도 없는데 문이 닫히다

2. 다음의 뉴스에 대해 친구들과 이야기해 보세요.

강원 지역, 밤사이에 눈 많이 쌓여

3개월 만에 범인 잡혔다

지난달 유럽 시장에서 한국 자동차 많이 팔렸다

강원 지역은 밤사이에 눈이 많이 쌓였어요.

단어장

비명 소리

지역

범인

2 동-자고 하다

다른 사람에게서 들은 권유나 제안 내용을 전달할 때 사용한다.

후엔: 고천 씨, 이사할 거예요?

고천: 네, 남편 직장이 너무 멀어요. 그래서 남편이 직장
근처로 이사 가자고 해요.

예문

• 가: 아까 과장님이 뭐라고 하셨어요?

　나: 내일 다시 회의하자고 하셨어요.

• 친구가 만나자고 해서 약속 장소에 나갔다.

• 아내가 같이 저녁을 먹자고 해서 기다리는 중이다.

-자고 하다	• 먹다 ➡ 먹자고 하다
	• 가다 ➡ 가자고 하다
	• 하다 ➡ 하자고 하다
	• 살다 ➡ 살자고 하다

Tip 부정형은 '-지 말자고 하다'를 사용한다.

---

1. 그림을 보고 보기 와 같이 친구와 이야기해 보세요.

이번 달 우리 반 모임 때 친구들은 뭘 하자고 했어요?

보기

라흐만

다 같이 노래방에 가요.

라흐만 씨는 다 같이 노래방에 가자고 했어요.

1)

안젤라

재미있는 영화를 봐요.

2)

아나이스

공원에서 산책하고 놀아요.

3)

라민

맛집에 가서 맛있는 음식을 먹어요.

---

2. 우리 반 모임에서 하고 싶은 것에 대해 이야기해 보세요. 그리고 들은 이야기를 다른 친구에게 전달하세요.

잠시드: 같이 한국 음식을 만들어요.

이　링: 가족이나 고향 친구들도 초대해요.

잠시드 씨는 같이 한국 음식을 만들자고 해요.

1. 후엔 씨가 이사 온 사람에게 주변 시설과 환경에 대해 알려 줍니다. 다음 대화처럼 이야기해 보세요.

이웃: 안녕하세요? 저, 어제 이 동네로 이사 왔는데요.

후엔: 아, 그러세요? 반가워요.

이웃: 아이가 놀러 가자고 해서 그러는데 혹시 동네에 아이가 놀 만한 곳이 있나요?

후엔: 105동 앞에 놀이터가 있어요. 그리고 아이가 자전거 타는 것을 좋아하면 산책로에 가는 것도 좋아요. 놀이터에서 산책로 입구가 보일 거예요.

이웃: 그렇군요. 정말 감사합니다. 여쭤보길 잘했네요.

후엔: 궁금한 게 있으면 또 물어보세요.

3-6 EBOOK

1) 아이가 놀러 가자고 하다, 아이가 놀다 │
   105동 앞에 놀이터가 있다, 놀이터에서 산책로 입구가 보이다

2) 아이가 운동하러 가자고 하다, 아이하고 같이 운동하다 │
   근처에 체육 센터가 있다, 아파트 후문으로 나가면 걸어서 공원에 갈 수 있다

2. 아래 상황에 맞게 이사 온 사람과 이웃에 사는 사람이 되어 대화해 보세요. 그리고 여러분의 이야기를 해 보세요.

이사 온 이웃

• 아이들이 놀 만한 곳이 있어요?

• 운동할 만한 곳이 있어요?

단어장

놀이터
여쭤보다
체육 센터
정문

1. 여러분은 시골에서 삽니까, 도시에서 삽니까? 아래 그림을 보고 주변 환경이 어떤지, 이곳 사람들은 어떤 일을 할지 이야기해 보세요.

2. 안젤라 씨와 과장님이 이야기합니다. 잘 듣고 질문에 답해 보세요.

6-L.mp3

1) 과장님은 주말에 무엇을 할 겁니까?

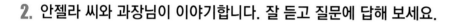

2) 과장님의 부모님은 어떤 일을 하십니까?

❶ 농사를 지으신다.　　　　　❷ 회사에 다니신다.

❸ 공장에서 일하신다.　　　　❹ 비닐하우스를 만드신다.

3) 들은 내용과 같으면 ○, 다르면 X 하세요.

❶ 과장님의 부모님 집은 기차로 3시간 거리에 있다.　　(　　)

❷ 과장님의 부모님 집에서 산을 볼 수 있다.　　　　　(　　)

❸ 과장님의 아내는 도시 생활을 좋아한다.　　　　　(　　)

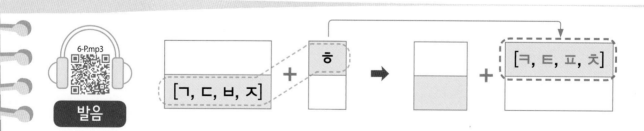

6-P.mp3

발음

[ㄱ, ㄷ, ㅂ, ㅈ] + ㅎ ➡ [ㅋ, ㅌ, ㅍ, ㅊ]

막히네요[마키네요]

잡혔어요[자펴써요]

좋다고 하세요[조타고 하세요]

다음을 듣고 따라 읽으세요.

1) 길이 많이 막히네요.

2) 범인이 드디어 잡혔어요.

3) 부모님은 고향이 좋다고 하세요.

1. 다음은 신문에 실린 아파트 광고입니다. 주거 환경이 어떤지 이야기해 보세요.

계절마다 바뀌는 풍경화!
자연 속에서 생활할 수 있습니다.

◎우리 건설   ◎분양 문의: 1577-57XX

우리 건설 아파트

그림 같은 풍경과 최고의 자연 경관!
넓은 강과 높은 산이 눈앞에!
편리한 교통에 문화 시설까지!

복잡한 도시를 떠나고 싶은 분들을 위한
최고의 선택!

2. 다음은 여행 상품 광고입니다. 여행지에서 무엇을 볼 수 있는지 이야기해 보세요.

4박 6일 일정 | 최고급 호텔

실크 로드 역사의 현장으로 가는 시간 여행

우즈베키스탄 일주 타슈켄트 → 사마르칸트 → 부하라 → 타슈켄트

옛날 건축물을 간직하고 있는 역사의 도시에
여러분을 초대합니다.
넓은 평지 위에 펼쳐진 도시를 보실 수 있습니다.
낮은 언덕과 건축물의 아름다움을 느껴 보세요.

※ 박물관 관람도 일정에 포함됩니다.

◎문의: 두리 여행사 1577-22XX

3. 다음은 고향의 환경에 대한 글입니다. 잘 읽고 질문에 답해 보세요.

역사를 간직한 곳, 사마르칸트

저는 재작년에 우즈베키스탄에서 한국에 왔고 한 이삿짐센터에서 일하고 있습니다. 제 친한 친구가 한국에서 같이 일하자고 해서 한국에 왔습니다.

제 고향은 사마르칸트입니다. 실크 로드의 역사를 간직하고 있어서 유명합니다. 사마르칸트는 넓은 평지 위에 펼쳐진 도시입니다. 도시 곳곳에는 옛날 건축물이 많습니다. 그리고 주변에 낮은 언덕이 있습니다. 건조한 날씨 때문에 언덕에 나무는 많지 않습니다. 언덕에서는 염소들이 풀을 먹습니다.

지금 제가 한국에서 사는 곳은 복잡한 도시입니다. 그렇지만 버스로 조금만 가면 산을 볼 수 있습니다. 고향과 다르게 한국의 산에는 나무가 많습니다. 그래서 봄에는 꽃, 가을에는 단풍을 보고 겨울에는 쌓인 눈을 구경합니다. 계절마다 색깔이 바뀌는 산의 경관이 좋습니다.

지금은 고향의 모습이 그립지만 나중에 고향에 돌아가면 아름다운 한국의 산이 보고 싶어질 겁니다. 그래서 한국에 있는 동안 한국의 풍경을 많이 보려고 합니다.

1) 이 사람의 고향에는 왜 나무가 많지 않습니까?

2) 이 사람의 고향에 대한 설명으로 맞는 것은 무엇입니까?

❶ 옛날 건축물이 많다.   ❷ 바다를 볼 수 있다.

❸ 주변에 높은 산이 있다.   ❹ 계절마다 산의 경관이 바뀐다.

3) 윗글의 내용과 같으면 ○, 다르면 X 하세요.

❶ 이 사람은 친구 때문에 한국에 왔다.   (　　　)

❷ 이 사람 고향은 실크 로드의 역사가 있는 곳이다.   (　　　)

❸ 이 사람이 지금 살고 있는 곳은 한적한 도시이다.   (　　　)

단어장
건조하다
염소
풀

1. 여러분이 한국에서 지금 살고 있는 동네와 여러분 고향의 동네는 어떻게 다릅니까?

	한국에서 사는 동네	고향의 동네
지역 이름		
날씨나 계절		
주변 환경		

2. 지금 살고 있는 동네와 여러분 고향의 동네를 비교해서 써 보세요.

과거와 현대의 명당

한국 사람들은 옛날부터 집 주변의 환경을 중요하게 생각했다. 집의 위치와 방향 등이 그 집에 사는 사람의 행복을 결정한다고 믿었기 때문이다. 집 뒤에 산이 있고 집 앞에 물이 흐르면 좋은 위치, 명당이라고 했다. 그리고 남향집이라고 하여 집의 방향과 대문은 남쪽을 향하도록 하였다. 한국의 겨울은 길고 추운데 집의 활동 공간이 남쪽을 향해 있으면 생활이 편리하기 때문이다.

이러한 전통은 현대까지도 그대로 내려와 남향집이 인기가 있다. 그러나 최근에는 '좋은 집', '명당'의 조건에 새로운 것들이 추가되었다. 학군과 교통이다. 집 주변에 좋은 학교가 있으면 그 집은 인기가 높다. 그리고 근처에 지하철역이 있거나 간선 도로가 통과하면 인기가 높다.

1) 과거에 한국에서는 집을 짓기 좋은 위치를 어디라고 했습니까?
2) 현대의 한국 사람들은 어떤 곳에 집이 있으면 좋다고 합니까?
3) 여러분 고향에서 집을 지을 때 중요하게 생각하는 것이 있습니까?

☐ 빌딩 숲   ☐ 놀이터

☐ 산업 단지   ☐ 여쭤보다

☐ 안전하다   ☐ 체육 센터

☐ 소음이 심하다   ☐ 정문

☐ 공기가 탁하다   ☐ 풍경화

☐ 산책로가 있다   ☐ 풍경

☐ 거리가 깨끗하다   ☐ 자연 경관

☐ 문화 시설이 많다 ☐ 최고급

☐ 걸어서 공원에 갈 수 있다   ☐ 실크 로드

☐ 논   ☐ 현장

☐ 밭   ☐ 옛날

☐ 과수원   ☐ 건축물

☐ 비닐하우스   ☐ 간직하다

☐ 한적하다   ☐ 평지

☐ 공기가 맑다   ☐ 펼쳐지다

☐ 직접 농사를 짓다 ☐ 언덕

☐ 하천이 흐르다   ☐ 일정

☐ 경치가 좋다   ☐ 포함되다

☐ 자연환경이 좋다   ☐ 건조하다

☐ 비명 소리   ☐ 염소

☐ 지역   ☐ 풀

☐ 범인

7 문화생활

- 이 사람은 어디에서 무엇을 보고 있어요?
- 여러분은 시간이 있을 때 무엇을 보러 가고 싶어요?

1. 여러분은 시간이 있을 때 무엇을 보고 싶어요?

공연		
뮤지컬	연극	연주회
난타	사물놀이	길거리 공연(버스킹)

전시회		
미술 전시회	사진 전시회	공예 전시회

콘서트		
케이팝(K-pop) 콘서트	재즈(Jazz) 콘서트	토크 콘서트(강연)

2. 공연 관람 과정과 공연을 본 후의 느낌을 이야기해 보세요.

공연 정보를 검색하다 → 표(티켓)를 예매하다 → 티켓을 수령하다

좌석을 찾다 → 공연을 관람하다 → 감상 소감을 말하다

기대하다/기대되다   감동적이다   인상적이다

1 동-으라고 하다, 동형-냐고 하다

다른 사람에게서 들은 명령/질문의 내용을
전달할 때 사용한다.

안내 방송: 곧 공연이 시작됩니다. 가지고 계신 휴대 전화의
전원을 모두 꺼 주시기 바랍니다.

애 나: 지금 안내 방송에서 뭐라고 했어요?

제이슨: 곧 공연이 시작되니까 휴대 전화를 끄라고 했어요.

예문

• 가: 한국 친구들이 처음 만나면 어떤 질문을 자주 해요?

  나: 한국어를 얼마나 공부했냐고 해요.

• 친구가 저에게 케이팝을 좋아하냐고 했어요.

• 직원이 관객들에게 지금 공연장에 입장하라고 했어요.

-으라고 하다 -라고 하다	• 먹다 → 먹으라고 하다 • 쓰다 → 쓰라고 하다
-냐고 하다	• 읽다 → 읽냐고 하다 • 가다 → 가냐고 하다 ★살다 → 사냐고 하다

Tip '동-으라고 하다'의 부정문은 '동-지 말라고 하다'를 사용한다.

1. 그림을 보고 보기와 같이 친구와 이야기해 보세요.

보기 라민

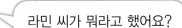

라민 씨가 뭐라고 했어요?

공연이 몇 시에 시작해요?

공연이 몇 시에 시작하냐고 했어요.

1) 이링

주말에 무슨 전시회에 갔어요?

2) 후엔

택배를 문 앞에 두세요.

3) 과장님

내일 회의가 있으니까 모두 참석하세요.

2. 여러분의 가족/친구/직장 동료가 여러분에게 무슨 말을 자주 하는지 이야기해 보세요.

부모님께서 저한테 자주 연락하라고 해요.

고향 친구가 저한테 고향에 언제 오냐고 해요.

단어장

안내 방송
전원을 끄다
입장하다
택배
참석하다

2 명만큼

앞에 있는 명사와 비교할 때 그 정도가 비슷함을 나타낸다.

라   민: 오늘 본 영화가 어땠어요?
아나이스: 저번에 본 영화만큼 아주 재미있었어요.

예문
• 가: 요즘 무료 공연도 괜찮네요.
  나: 맞아요. 잘 찾아보면 무료 공연도 유료 공연만큼 좋은 게 많아요.
• 회사 앞 식당은 고향 음식만큼 맛있어서 자주 간다.
• 평일은 주말만큼 시내에 사람이 많지 않다.

| 만큼 | • 기대 → 기대**만큼**
• 이것 → 이것**만큼** |

---

1. 그림을 보고 보기 와 같이 친구와 이야기해 보세요.

> 안젤라 씨가 노래를 잘하지요?

> 네, 가수만큼 노래를 잘해요.

| 보기 | 안젤라 | 노래를 잘하다 | 가수 |

1)	하노이	교통이 복잡하다	서울
2)	기말시험	성적이 좋다	중간시험
3)	미호	한국어가 유창하다	한국 사람
4)	떡볶이	자주 먹다	라면

단어장
유창하다
작가

---

2. 한국에서 공연이나 전시회에 가 봤어요? 어땠어요? 친구들과 이야기해 보세요.

> 저는 학생들의 미술 전시회에 가 봤어요. 프로 작가의 미술 전시회만큼 아주 멋있었어요.

> 저는 연극을 봤어요. 어린이 배우가 나왔는데 어른 배우만큼 연기를 잘했어요.

1. 라민 씨와 아나이스 씨가 공연에 대해 이야기합니다. 다음 대화처럼 이야기해 보세요.

라 민: 오늘 본 연극 어땠어요?

아나이스: 저는 계속 웃다가 울다가 했어요.

라 민: 어떤 장면이 가장 인상적이었어요?

아나이스: 제일 마지막에 배우들이 모두 같이 춤추는 장면이
기억에 남아요.

라 민: 저는 배우들의 표정까지 다 볼 수 있어서 좋았어요.

아나이스: 맞아요. 저도 이번만큼 무대 가까이에서 연극을
본 적이 없어요.

라 민: 제 친구가 이 연극을 추천할 때 꼭 앞좌석에서
보라고 했거든요.

아나이스: 앞좌석은 정말 좋은 선택이었어요. 우리 또 공연
같이 봐요.

3-7 EBOOK

1) 인상적이다 | 배우들이 모두 같이 춤추다 | 앞좌석에서 보다

2) 감동적이다 | 주인공이 헤어진 가족을 찾다 | 앞좌석에 앉다

2. 공연 후 느낀 점을 어떻게 말해요? 그리고 여러분이 본 공연에 대해 이야기해 보세요.

- 연극, 뮤지컬, 콘서트
- 무대, 배우, 가수, 주인공

- 인상적인 장면
- 감동적인 장면

단어장

장면
표정
헤어지다
추천하다
입장권

1. 여러분은 공연에 친구를 초대하거나 초대받을 때 보통 무슨 이야기를 합니까?

초대해 줘서 고마워요.

공연이 기대돼요.

7-L.mp3

2. 고천 씨와 후엔 씨가 공연에 대해 이야기합니다. 잘 듣고 질문에 답해 보세요.

1) 두 사람은 무슨 공연을 보려고 합니까?

_____

2) 들은 내용과 같으면 ○, 다르면 X 하세요.

❶ 후엔 씨가 고천 씨를 공연에 초대했다.   (   )

❷ 고천 씨는 친구에게 공연에 올 수 있냐고 물어볼 것이다. (   )

❸ 고천 씨는 이 공연을 본 적이 있다.   (   )

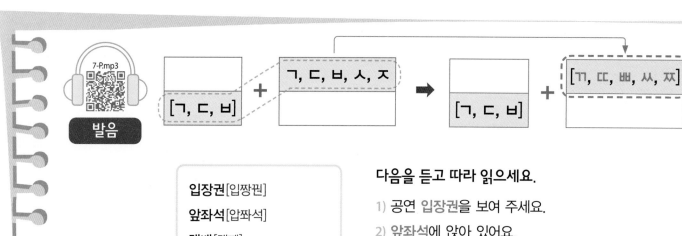

7-P.mp3

발음

[ㄱ, ㄷ, ㅂ] + ㄱ, ㄷ, ㅂ, ㅅ, ㅈ ➡ [ㄱ, ㄷ, ㅂ] + [ㄲ, ㄸ, ㅃ, ㅆ, ㅉ]

입장권[입짱꿘]

앞좌석[압쫘석]

택배[택빼]

다음을 듣고 따라 읽으세요.

1) 공연 **입장권**을 보여 주세요.

2) **앞좌석**에 앉아 있어요.

3) **택배**는 문 앞에 놓아 주세요.

1. 다음은 공연 티켓입니다. 빈곳에 들어갈 표현을 찾아서 써 보세요.

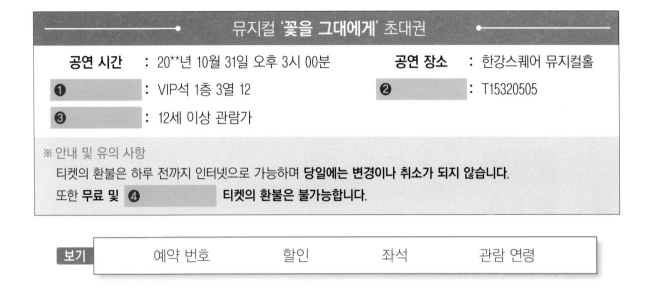

뮤지컬 '꽃을 그대에게' 초대권

공연 시간 : 20**년 10월 31일 오후 3시 00분　　**공연 장소** : 한강스퀘어 뮤지컬홀

❶ [　　　] : VIP석 1층 3열 12　　❷ [　　　] : T15320505

❸ [　　　] : 12세 이상 관람가

※ 안내 및 유의 사항

티켓의 환불은 하루 전까지 인터넷으로 가능하며 **당일에는 변경이나 취소가 되지 않습니다.**

또한 **무료 및** ❹ [　　　] **티켓의 환불은 불가능합니다.**

보기　　예약 번호　　할인　　좌석　　관람 연령

2. 아래의 공연과 전시회 정보를 보고 이야기해 보세요.

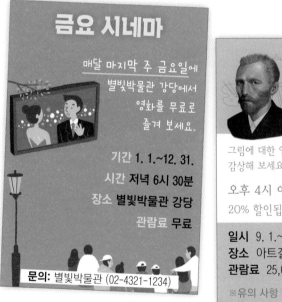

금요 시네마

매달 마지막 주 금요일에 별빛박물관 강당에서 영화를 무료로 즐겨 보세요.

기간 1. 1.~12. 31.
시간 저녁 6시 30분
장소 별빛박물관 강당
관람료 무료

문의: 별빛박물관 (02-4321-1234)

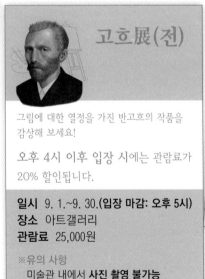

고흐展(전)

그림에 대한 열정을 가진 반고흐의 작품을 감상해 보세요!

오후 4시 이후 입장 시에는 관람료가 20% 할인됩니다.

일시 9. 1.~9. 30.(입장 마감: 오후 5시)
장소 아트갤러리
관람료 25,000원

※유의 사항
미술관 내에서 **사진 촬영 불가능**

서울거리 예술제

K-pop 댄스, 마술, 서커스 등 다양한 무료 공연을 볼 수 있습니다.

기간 4. 1.~5. 30.
시간 매주 토요일 오후 1시
장소 서울숲 공연장
관람료 무료

문의 서울거리예술창작센터 홈페이지
www.seoulart.co.kr

1) 무료로 볼 수 있는 공연이 뭐예요?

2) 금요일 저녁에 시간이 나면 어디에 가면 좋을까요?

3) 그림 전시회 티켓을 할인 받으려면 몇 시에 가야 해요?

4) 서울숲에서는 어떤 공연을 해요? 그 공연을 언제 볼 수 있어요?

3. 다음은 문화생활에 대한 글입니다. 잘 읽고 질문에 답해 보세요.

문화가 있는 날

나는 '문화가 있는 날'에 전시회나 공연을 보러 간다. '문화가 있는 날'은 매월 마지막 주 수요일이다. 이날은 보통 때보다 싼 가격이나 무료로 문화생활을 할 수 있다. 그래서 부담 없이 문화생활을 즐길 수 있다.

지난달에 나는 그림 전시회를 보고 왔다. 나는 그림을 잘 그리지는 못하지만 보는 것을 좋아한다. 그림을 보고 있으면 기분이 좋아진다. 이번 달 '문화가 있는 날'에는 재즈(Jazz) 콘서트 티켓을 예매했다. 50% 할인을 받았다. 좋은 기회라서 나는 친구들에게도 예매하라고 했다.

다음 달 '문화가 있는 날'에는 박물관에 가 보고 싶다. 박물관에도 재미있는 행사가 많은데 아직 한 번도 간 적이 없기 때문이다. 이렇게 새로운 문화생활을 하면 좋은 경험이 된다. 그리고 내 경험이 쌓이는 것만큼 한국 생활에도 점점 익숙해지고 있는 것 같다.

1) 윗글의 내용과 같으면 ○, 다르면 X 하세요.

❶ 나는 이번 달에 그림 전시회에 갈 것이다. ( )

❷ 재즈 콘서트 티켓은 무료이다. ( )

❸ 나는 박물관에 다녀온 적이 있다. ( )

❹ 문화생활 경험은 한국 생활에 도움이 된다. ( )

2) '문화가 있는 날'에 전시회나 공연을 보면 좋은 점이 무엇입니까?

_____

단어장

부담이 없다
할인을 받다
행사
박물관
경험이 쌓이다

1. 여러분은 공연이나 콘서트, 전시회를 좋아합니까? 지금까지 본 것 중에서 가장 기억에 남는 것이
무엇입니까? 간단히 메모해 보세요.

공연 이름	
공연 장소	
공연 내용	
느낀 점	

2. 여러분의 공연 감상 이야기를 써 보세요.

공연 정보를 찾는 방법

　　문화생활을 즐기기 위해 공연 정보를 찾는 방법에는 여러 가지가 있다. 가장 일반적인 방법은 관련 기관에 직접 문의를 하거나 홈페이지를 통해 공연 정보를 알아보는 것이다. 그런데 최근에 공연 정보를 한데 모아 놓은 포털 사이트가 있어서 공연 정보를 얻기가 쉬워졌다. 문화포털(www.culture.go.kr)이 바로 그것이다. '문화포털'에서는 언제, 어디서, 어떤 공연이나 전시, 콘서트가 있는지를 쉽게 검색할 수 있다. 또 이용자들이 남긴 공연 후기가 있어서 어떤 공연을 볼지 선택할 때 참고가 된다. 이 포털에서는 문화 정보뿐만 아니라 국내외 문화 관련 영상, 도서 정보도 제공한다. 포털에 회원 가입을 하면 새로운 문화 정보를 더 편리하게 이용할 수 있다.

1) '문화포털'에서는 어떤 정보를 제공합니까?

2) '문화포털'에서 공연 후기를 보면 어떤 점에서 도움이 됩니까?

3) 여러분은 어떤 방법으로 문화 정보를 찾습니까?

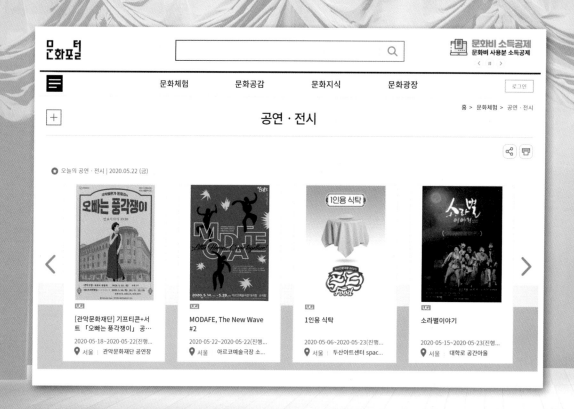

문화체험 　문화공감 　문화지식 　문화광장

추천도서

추천도서 | 이달의이용연안책 | 청소년 권장도서 | 어린이 추천도서 | 사서추천도서

[어린이 추천도서] 국악으로의 초대: 우리가 몰랐던 우리음악 이야기

저자/출판사 박소영 외 ｜ 2019-01

[어린이 추천도서] 꿈꾸는 코끼리 디파이

저자/출판사 김반경 글 :김소라 그림 ｜ 2019-01

[어린이 추천도서] 엘세실의 콘서트

저자/출판사 전윤목 글 :고명초 그림 ｜ 2019-01

문화체험 　문화공감 　문화지식 　문화광장

문화후기

마술피리 관람후기

국립오페라단 <마술피리>

배운 어휘 확인

- [ ] 공연
- [ ] 뮤지컬
- [ ] 연극
- [ ] 연주회
- [ ] 난타
- [ ] 사물놀이
- [ ] 길거리 공연(버스킹)
- [ ] 전시회
- [ ] 미술
- [ ] 사진
- [ ] 공예
- [ ] 콘서트
- [ ] 케이팝(K-pop)
- [ ] 재즈(Jazz) 콘서트
- [ ] 토크 콘서트(강연)
- [ ] 정보를 검색하다
- [ ] 예매하다
- [ ] 수령하다
- [ ] 좌석
- [ ] 찾다
- [ ] 관람하다
- [ ] 감상 소감
- [ ] 기대하다
- [ ] 감동적이다

- [ ] 인상적이다
- [ ] 안내 방송
- [ ] 전원을 끄다
- [ ] 입장하다
- [ ] 택배
- [ ] 참석하다
- [ ] 유창하다
- [ ] 작가
- [ ] 장면
- [ ] 표정
- [ ] 헤어지다
- [ ] 추천하다
- [ ] 입장권
- [ ] 초대권
- [ ] 예약 번호
- [ ] 할인
- [ ] 연령
- [ ] 유의 사항
- [ ] 무료
- [ ] 부담이 없다
- [ ] 할인을 받다
- [ ] 행사
- [ ] 박물관
- [ ] 경험이 쌓이다

8 음식과 요리

어휘: 양념과 맛, 요리 방법

문법: 사동①

사동②

활동: 요리 방법 이야기하기

고향 음식 요리 방법 소개하기

문화와 정보: 식품의 유통 기한

- 이 사람들은 지금 무엇을 하고 있어요?

- 여러분이 자주 만들어 먹거나 좋아하는 음식은 뭐예요?

1. 무슨 양념이에요? 맛이 어때요?

고추장 | 간장 | 된장 | 참기름

식초 | 고춧가루 | 깨 | 후추

2. 무슨 요리를 해요? 요리 준비를 어떻게 해요?

당근을 씻다 | 양파 껍질을 벗기다 | 감자를 칼로 썰다 | 마늘을 다지다

물을 끓이다 | 기름에 튀기다 | 만두를 찌다 | 계란을 삶다

밥을 볶다 | 나물을 무치다 | 고기를 굽다 | 시금치를 데치다

1 사동①

다른 사람이나 동물에게 어떤 행동을 하게 함을 나타낸다.

이　랑: 우리 아이는 채소를 잘 안 먹어서 걱정이에요.
안젤라: 그래서 저는 채소로 볶음밥을 만들어서 아이한테
　　　　먹여요.

예문
- 가: 아기랑 같이 산책하러 갈까요?
  나: 네. 날씨가 좀 추우니까 옷을 따뜻하게 **입히세요**.
- 겨울 코트 세탁은 세탁소에 **맡기세요**.
- 저는 아이를 자동차 뒷자리에 **태워요**.

-이-	• 먹다 →	**먹이다**
-히-	• 입다 →	**입히다**
-리-	• 살다 →	**살리다**
-기-	• 신다 →	**신기다**
-우-	• 타다 →	**태우다**
-추-	• 맞다 →	**맞추다**

---

1. 그림을 보고 보기 와 같이 친구와 이야기해 보세요.

성민이 지금 뭐 해요?

보기

성민

토끼　당근　먹이다

성민은 토끼한테
당근을 먹이고 있어요.

1)

민수　아이　모자　씌우다

2)

유진　엄마　종이비행기　날리다

3)

선생님　학생　한국어책　읽히다

---

2. 아이와 함께 공원에 나가려고 해요. 어떻게 준비할까요?

옷, 신발, 모자,
유모차?

아이한테 따뜻한 옷을 입혀요.
그리고 신발을 신겨요.

단어장
토끼
유모차

사람이나 사물이 어떤 작용이나 행동을 하게 함을 나타낸다.

라   민: 지금 차를 마시려고 하는데 같이 마실래요??
아나이스: 그럼 제가 물을 끓일게요.

예문
• 가: 남은 고기는 어떻게 할까요?
  나: 냉동실에 넣어서 얼리세요.
• 음악 소리가 너무 크니까 소리를 좀 줄여 주시겠어요?
• 음식이 맛있어서 남기지 않고 다 먹었어요.

-이-	• 끓다 →	끓이다
-히-	• 넓다 →	넓히다
-기-	• 남다 →	남기다
-우-	• 깨다 →	깨우다
-추-	• 낮다 →	낮추다

1. 그림을 보고 보기 와 같이 친구와 이야기해 보세요.

제이슨 씨가
지금 뭐 해요?

보기

제이슨   양파 껍질   벗기다

제이슨 씨가
양파 껍질을 벗겨요.

1)
후엔   아이   깨우다

2)
라민   물   끓이다

3)
라흐만   강아지   씻기다

2. 이럴 때는 어떻게 해요? 친구들과 이야기해 보세요.

• 음악 소리가 커요.
• 방이 너무 더워요.
• 배가 불러서 다 못 먹겠어요.

음악 소리가 크면 소리를
줄이세요.

단어장
냉동실

1. 고천 씨가 후엔 씨에게 죽 끓이는 방법에 대해 이야기합니다. 다음 대화처럼 이야기해 보세요.

후엔: 제가 요즘 속이 좋지 않아 밥을 못 먹는데 어떤 음식을
　　　 만들어 먹으면 좋을까요?

고천: 소화가 잘 되는 야채죽은 어때요? 요리하기도 아주 쉬워요.

후엔: 어떻게 만들어요? 좀 가르쳐 주세요.

고천: 먼저 밥에 물을 넣고 끓인 다음 채소를 썰어 넣고 끓여요.

후엔: 얼마나요?

고천: 큰 채소가 익을 때까지 끓이면 돼요. 오래 걸리지 않아요.
　　　 간단해요.

후엔: 우와! 생각보다 어렵지 않네요. 집에서 만들어 먹어야겠어요.

고천: 그래요. 만들다가 모르는 게 있으면 언제든지 저한테
　　　 물어보세요.

3-8 EBOOK

1) 야채죽　｜　밥에 물을 넣고 끓인 다음 채소를 썰어 넣고 끓이다　｜　익을 때까지 끓이다

2) 양배추주스　｜　양배추, 브로콜리, 당근을 씻어 삶은 다음 믹서기에 넣고 갈다　｜　없어질 때까지 갈다

2. 아기나 환자에게 음식을 만들어 주려고 합니다. 친구와 함께 요리 방법을 이야기해 보세요. 그리고
여러분 고향에서의 요리 방법도 이야기해 보세요.

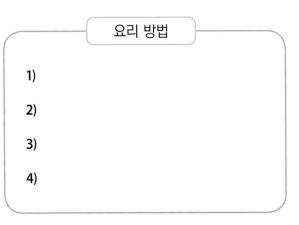

음식	요리 방법
아기 이유식 고기 이유식, 채소 이유식… **환자 음식** 죽…	1) 2) 3) 4)

단어장

죽
익다
믹서기
환자
이유식

듣기

1. 여러분이 자주 가는 식당은 어디입니까? 그 식당에는 어떤 음식이 있습니까?

2. 후엔 씨와 제이슨 씨가 이야기합니다. 잘 듣고 질문에 답해 보세요.

1) 제이슨 씨가 어제 간 식당은 어디입니까? _____

2) 제이슨 씨가 만드는 소스에는 어떤 양념이 필요합니까? _____

3) 들은 내용과 같으면 ○, 다르면 X 하세요.

❶ 후엔 씨는 간장 양념 고기를 좋아한다. ( )

❷ 후엔 씨는 요즘 이 식당에 자주 간다. ( )

❸ 이 식당은 고기만 있어서 다른 음식을 먹을 수 없다. ( )

> **단어장**
>
> 뷔페
> 군침이 돌다

발음

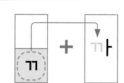

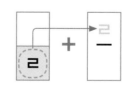

다음을 듣고 따라 읽으세요.

볶아요[보까요]

볶음밥을[보끔바블]

껍질은[껍찌른]

1) 감자하고 당근을 볶아요.

2) 가: 오늘 저녁에는 뭐 먹어요?

　　나: 쇠고기 볶음밥을 만들어 볼게요.

3) 가: 양파 껍질은 한 개만 벗기면 될까요?

　　나: 네, 한 개만 벗기면 돼요.

1. 다음 그림을 보고 요리 방법에 대해 이야기해 보세요.

뿌리다	소스를 뿌리다	후추를 뿌리다	깨를 뿌리다
썰다	채를 썰다	얇게 썰다	깍둑썰다
절이다	양념에 절이다	소금에 절이다	식초에 절이다
담다	통에 담다	접시에 담다	그릇에 담다
맞추다	간을 맞추다	양을 맞추다	시간을 맞추다

2. 다음은 김치로 만들 수 있는 요리입니다. 요리 이름과 요리 방법을 이야기해 보세요.

이것은
무엇일까요?

재료
김치, 양파, 참기름,
설탕, 부침 가루

방법
❶ 김치와 양파는 얇게 썰어 준비하세요.
❷ 준비된 재료의 양에 맞춰 부침 가루
　2컵에 물 1컵을 넣어 잘 섞어 주세요.
❸ 프라이팬에 부치고 접시에 예쁘게
　담으세요.

재료
고추장, 사과 식초,
다진 마늘, 참기름,
고춧가루, 비빔국수면

방법
❶ 국수를 4분 정도 삶고 물을 빼세요.
❷ 국수에 상추, 깻잎을 채 썰어 넣고 양념 재료를
　넣고 비비세요.
❸ 완성되면 그릇에 담고 삶은 계란을 잘라 위에
　놓으세요.

3. 다음은 '김치볶음밥'을 만드는 방법에 대한 글입니다. 잘 읽고 질문에 답해 보세요.

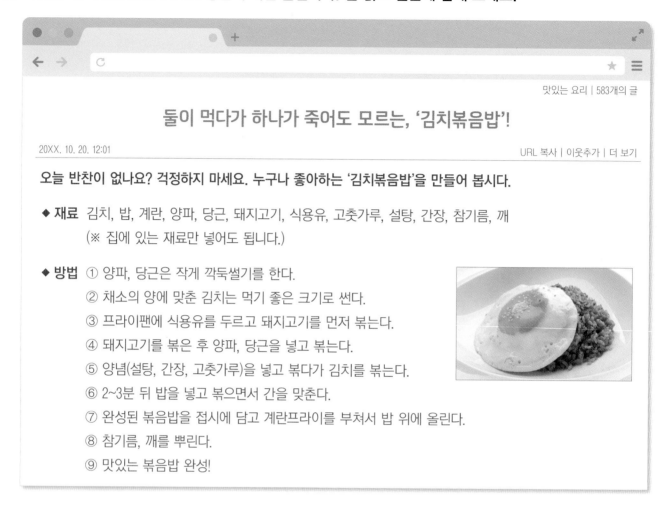

맛있는 요리 | 583개의 글

둘이 먹다가 하나가 죽어도 모르는, '김치볶음밥'!

20XX. 10. 20. 12:01　　　　　　　　　　　　　　　　　　　　URL 복사 | 이웃추가 | 더 보기

오늘 반찬이 없나요? 걱정하지 마세요. 누구나 좋아하는 '김치볶음밥'을 만들어 봅시다.

◆ **재료** 김치, 밥, 계란, 양파, 당근, 돼지고기, 식용유, 고춧가루, 설탕, 간장, 참기름, 깨
　　　　 (※ 집에 있는 재료만 넣어도 됩니다.)

◆ **방법** ① 양파, 당근은 작게 깍둑썰기를 한다.
　　　　 ② 채소의 양에 맞춘 김치는 먹기 좋은 크기로 썬다.
　　　　 ③ 프라이팬에 식용유를 두르고 돼지고기를 먼저 볶는다.
　　　　 ④ 돼지고기를 볶은 후 양파, 당근을 넣고 볶는다.
　　　　 ⑤ 양념(설탕, 간장, 고춧가루)을 넣고 볶다가 김치를 볶는다.
　　　　 ⑥ 2~3분 뒤 밥을 넣고 볶으면서 간을 맞춘다.
　　　　 ⑦ 완성된 볶음밥을 접시에 담고 계란프라이를 부쳐서 밥 위에 올린다.
　　　　 ⑧ 참기름, 깨를 뿌린다.
　　　　 ⑨ 맛있는 볶음밥 완성!

1) '김치볶음밥' 요리 방법 순서대로 번호를 써 보세요.

□ ➡ □ ➡ □ ➡ □ ➡ □ ➡ □

2) '정말 맛있다'라는 말을 어떻게 표현합니까? _____

3) 다음 사람 중 요리 방법을 잘 이해한 사람을 찾아보세요.
　❶ 제이슨: 재료는 모두 채를 썬다.
　❷ 라　민: 볶음밥은 냄비에 해야 한다.
　❸ 이　링: 모든 재료는 꼭 있어야 한다.
　❹ 라흐만: 재료를 볶은 후에 밥을 넣고 볶는다.

단어장

둘이 먹다가 하나가 죽어도 모르다

식용유를 두르다

1. 여러분이 좋아하는 고향 음식이 있습니까? 어떻게 만들 수 있습니까?

❶ 음식 이름

❷ 재료

❸ 요리 방법

2. 여러분이 좋아하는 고향 음식의 요리 방법을 써 보세요.

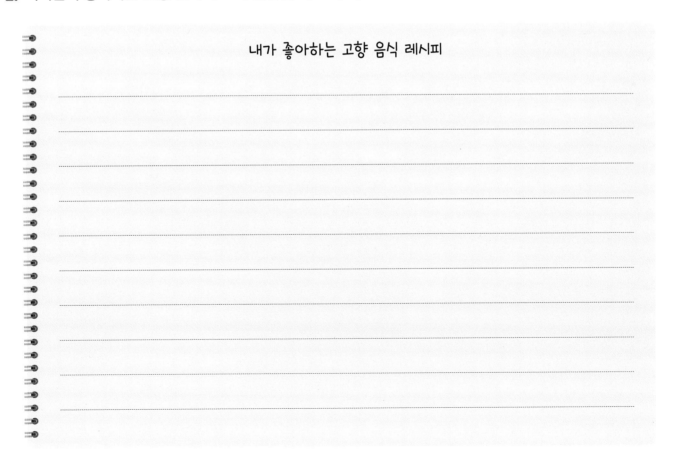

내가 좋아하는 고향 음식 레시피

식품의 유통 기한

'유통 기한'은 판매자가 식품 등의 제품을 소비자에게 팔 수 있는 날짜를 말한다. 이 날짜가 지나면 상하지 않은 제품도 더 이상 판매할 수 없다. 이러한 유통 기한은 년, 월, 일로 표시하는데 식품에 따라서는 시간까지 표시를 하기도 한다.

그런데 최근에는 제품에 '유통 기한'과 함께 '소비 기한'을 표시하기도 한다. '소비 기한'은 유통 기한이 지나도 일정 기간 이후까지 우리가 음식을 먹을 수 있는 날짜를 말한다. 소비 기한은 제품에 따라서 18개월 이상도 가능하기 때문에 보관 방법을 잘 지킨다면 유통 기한이 지난 음식을 아깝게 버리는 일을 줄일 수 있다. 다만 올바른 방법으로 보관하지 않으면 유통 기한 이내에도 식품은 변할 수 있다는 사실을 꼭 기억해야 한다.

1) '유통 기한'은 무엇을 말합니까?

2) 식품 보관 방법을 잘 지켜야 하는 이유는 무엇입니까?

3) 여러분 고향에서는 식품의 유통 기한이 어떻게 표시됩니까?

대표적인 식품의 유통 기한

식품	유통 기한
우유	10일
요거트	14일
계란	20일
식빵	3일
라면	6개월
치즈	6개월
두부	14일
커피	11주
냉동식품	9개월
고추장	1~3년

자료 출처 식품의약품안전처

배운 어휘 확인

- ☐ 고추장
- ☐ 간장
- ☐ 된장
- ☐ 참기름
- ☐ 식초
- ☐ 고춧가루
- ☐ 깨
- ☐ 후추
- ☐ 당근을 씻다
- ☐ 양파 껍질을 벗기다
- ☐ 감자를 칼로 썰다
- ☐ 마늘을 다지다
- ☐ 물을 끓이다
- ☐ 기름에 튀기다
- ☐ 만두를 찌다
- ☐ 계란을 삶다
- ☐ 밥을 볶다
- ☐ 나물을 무치다
- ☐ 고기를 굽다
- ☐ 시금치를 데치다
- ☐ 토끼
- ☐ 유모차
- ☐ 냉동실

- ☐ 죽
- ☐ 익다
- ☐ 믹서기
- ☐ 환자
- ☐ 이유식
- ☐ 뷔페
- ☐ 군침이 돌다
- ☐ 뿌리다
- ☐ 채를 썰다
- ☐ 얇게 썰다
- ☐ 깍둑썰다
- ☐ 절이다
- ☐ 담다
- ☐ 간을 맞추다
- ☐ 양을 맞추다
- ☐ 시간을 맞추다
- ☐ 부침 가루
- ☐ 부치다
- ☐ 둘이 먹다가 하나가 죽어도 모르다
- ☐ 식용유를 두르다

복습 1

어휘

※ [1~5] 〈보기〉와 같이 (   )에 들어갈 알맞은 것을 고르세요.

─────── 〈보기〉 ───────

승기와 윤경은 원래 같은 회사의 직장 (   )였다. 두 사람은 1년간 연애를 하다가 부부가
되었다.

① 고부   ② 상사   ❸ 동료   ④ 선배

1. 학교에 다닐 때는 아주 친했는데 몇 년 동안 (   ) 친구에게서 이메일이 왔다. 아주
   반가웠다. 우리는 다음 주에 만나기로 했다.

   ① 연락이 끊긴   ② 잘 지내는   ③ 공감대가 생긴   ④ 사이가 좋은

2. 가: 제 딸은 성격이 (   ) 편이에요.
      무슨 일이든지 해 보려고 하고 사람들 앞에 서는 것도 좋아해요.
   나: 그래요? 친구들도 많고 학교생활도 잘하겠네요.

   ① 소극적인   ② 적극적인   ③ 꼼꼼한   ④ 무뚝뚝한

3. 우리 동네 복지 센터에는 좋은 프로그램이 많다. 나는 취업 준비를 위해서 컴퓨터 자격증
   과정을 (   ).

   ① 해결했다   ② 운영했다   ③ 제공했다   ④ 신청했다

4.
　가: 이 티셔츠 지난주에 산 건데 얼룩이 있어서요.
　나: 아, 죄송합니다. 그럼 다른 걸로 교환해 드릴까요?
　가: 아니요, (　　　　　) 주세요.

① 훼손해　　　　② 환불해　　　　③ 사용해　　　　④ 문의해

5.
　가: 이번 달은 지난달에 비해 생활비가 너무 많이 들었어요.
　나: 그래요? 어떤 항목에서 (　　　　　)이 많았는지 한번 살펴보세요.

① 적립　　　　② 지출　　　　③ 구입　　　　④ 절약

※ [6~10] 다음 밑줄 친 부분과 의미가 비슷한 것을 고르세요.

6.　농촌에 오면 경치도 좋고 주변이 복잡하지 않아서 마음이 편해진다.

① 한적해서　　　　② 안전해서　　　　③ 탁해서　　　　④ 맑아서

7.　인터넷으로 공연 티켓을 미리 샀다가 갑자기 일이 생겨서 안 가기로 했다.

① 관람했다가　　　　② 추천했다가　　　　③ 예매했다가　　　　④ 변경했다가

8.　볶음밥을 만들려고 먼저 양파 껍질을 깠다.

① 썰었다　　　　② 넣었다　　　　③ 끓였다　　　　④ 벗겼다

9.　수진 씨는 언제나 나를 잘 이해하고 비슷한 감정을 느껴 준다.

① 예의를 잘 지켜 준다　　　　② 공감을 잘해 준다
③ 조언을 잘해 준다　　　　④ 경청을 잘해 준다

10.　아버지는 말이 별로 없고 감정 표현을 잘 하지 않으신다. 반대로 어머니는 활발하고
　　다정다감하시다.

① 성격이 무뚝뚝하시다　　　　② 성격이 느긋하시다
③ 성격이 꼼꼼하시다　　　　④ 성격이 덜렁거리시다

※ [1~5] 〈보기〉와 같이 (   )에 들어갈 알맞은 것을 고르세요.

─────── 〈보기〉 ───────

아나이스 씨가 제일 (   ) 음식은 불고기예요.

① 좋은   ② 좋아한   ③ 좋아할   ❹ 좋아하는

1. 회사에 처음 들어왔을 때는 일이 조금 어려웠는데 지금은 적응되어서 (   ).

① 할 만해요   ② 해 봤어요   ③ 할 수 없어요   ④ 하려고 해요

2. 어렸을 때 내가 자꾸 동생을 (   ) 부모님께 혼난 적이 많아요.

① 울어서   ② 울려서   ③ 우니까   ④ 울고 해서

3. 이번 달에는 통화를 적게 해서 통신비가 25,000원(   ) 안 나왔어요.

① 만   ② 이나   ③ 밖에   ④ 만큼

4. 가: 왜 오늘 학교에 안 갔어요?
    나: 의사 선생님께서 약을 먹고 푹 (   ) 하셨어요.

① 쉬라고   ② 쉬다가   ③ 쉬면서   ④ 쉬냐고

5. 가: 이번 주말에 영화 보러 갈까요?
    나: 이번 주말은 날씨가 좋다고 하니까 영화를 (   ) 공원에서 산책하면 어때요?

① 볼 때   ② 보려면   ③ 보는데   ④ 보는 대신에

※ [6~10] 다음 밑줄 친 부분과 의미가 비슷한 것을 고르세요.

6. 열심히 공부해서 <u>한국 사람만큼</u> 한국어를 잘하고 싶어요.

   ① 한국 사람만   ② 한국 사람도   ③ 한국 사람보다   ④ 한국 사람처럼

7. 친구와 통화 중이었는데 갑자기 전화가 <u>끊겼어요</u>.

   ① 끊어요   ② 끊었어요   ③ 끊어졌어요   ④ 끊도록 했어요

8. 가: 모임에 반드시 8시까지 도착해야 해요?
   나: 아니요, 9시까지 <u>오면 돼요</u>.

   ① 오잖아요   ② 와야 돼요   ③ 온다고 해요   ④ 오면 괜찮아요

9. 가: 무엇을 도와드릴까요?
   나: 입어 보니까 바지가 너무 <u>헐렁해 가지고</u> 환불하려고 해요.

   ① 헐렁하고   ② 헐렁해서   ③ 헐렁해져서   ④ 헐렁한 덕분에

10. 가: 미역국을 어떻게 <u>끓이는지</u> 아세요?
    나: 당연하죠. 미역과 소고기만 있으면 쉽게 만들 수 있어요.

    ① 끓여도 돼요   ② 끓여 봤어요   ③ 끓일 수 있어요   ④ 끓이고 있어요

※ [11~13] 밑줄 친 부분이 틀린 것을 고르세요.

11. ① 서울은 <u>살을 만한</u> 도시예요.
    ② 예방 접종 비용이 <u>얼마인지</u> 알아요?
    ③ 아이가 놀이터에 <u>가자고 해서</u> 다녀왔어요.
    ④ 속이 안 좋아서 밥을 <u>먹는 대신에</u> 죽을 먹었어요.

12. ① 친구가 갑자기 약속 시간을 <u>늦췄어요</u>.
    ② 복지 센터에 <u>갔다가</u> 근처 시장에서 장을 봐 왔어요.
    ③ 이링 씨의 <u>바꾸는</u> 전화번호를 몰라서 전화를 못 했어요.
    ④ 이번 달에 충동구매를 많이 <u>해 가지고</u> 용돈을 다 썼어요.

13. ① 가을이 되니까 나뭇잎이 모두 <u>빨가졌어요</u>.

② 친구와 자주 연락을 <u>주고받고 해서</u> 빨리 친해졌어요.

③ 양이 너무 많아서 손님들이 음식을 많이 <u>남겼어요</u>.

④ 이링 씨가 오늘 유명한 가수의 공연을 <u>보러 간다고 했어요</u>.

14. 〈보기〉와 같이 밑줄 친 부분에 알맞게 쓰세요.

— 〈보기〉 —

아기가 밥을 먹어요. 엄마가 아기에게 밥을 <u>먹여요</u>.

---

① 잠시드 씨 때문에 사람들이 웃어요. 잠시드 씨는 사람들을 _____.

② 후엔 씨가 창문 밖을 봐요. 창문 밖에 아름다운 경치가 _____.

③ 밖이 너무 시끄러워요. 음악 소리가 크게 _____.

15. 다음을 〈보기〉와 같이 바꿔 쓰세요.

— 〈보기〉 —

정아라 선생님: "오늘까지 숙제를 제출하세요."

→ <u>정아라 선생님이 오늘까지 숙제를 제출하라고 했어요.</u>

---

① 잠시드: "무슨 선물을 받았어요?"

→ _____

② 친구: "인터넷으로 물건을 사면 싸게 살 수 있어요."

→ _____

③ 후엔: "이번 주 토요일에 동호회 모임에 같이 가요."

→ _____

④ 사장님: "점심 식사가 끝난 후에 모두 회의에 참석하세요."

→ _____

⑤ 안젤라: "회사에서 일할 때 위아래 관계가 어려워서 스트레스를 받아요."

→ _____

1. 다음의 내용과 같은 것을 고르세요.

> 사람들은 제 성격이 적극적이고 외향적이라고 말합니다. 잘 웃는 편이고 친구들도 많기 때문입니다. 하지만 사실 저도 스트레스를 많이 받습니다. 제 감정을 그대로 표현하지 못해서 힘이 들 때가 있습니다. 겉으로 보이는 제 모습과 실제의 제 모습이 다른 것이 제 고민입니다. 앞으로 사회생활을 잘하고 싶은데 제 감정을 어디까지 표현하는 것이 좋을까요?

① 친구들은 내 성격이 느긋하다고 생각한다.
② 나는 감정을 솔직하게 표현하지 못해서 힘들다.
③ 나는 스트레스를 전혀 받지 않는 편이다.
④ 남이 보는 내 모습과 내가 생각하는 내 모습은 같다.

2. 다음 (　　) 안에 알맞은 것을 고르세요.

> 가: 이 가방을 지난주에 샀는데 다른 걸로 바꿀 수 있을까요?
> 나: 그럼요, 어떤 것으로 (　　　　　)?
> 가: 사이즈가 조금 더 큰 게 있나요?
> 나: 손님, 이 사이즈는 어떠세요?
> 가: 좋네요. 그걸로 할게요.

① 교환하시겠어요　　　② 환불하시겠어요　　　③ 구매하시겠어요　　　④ 반품하시겠어요

※ [3~4] 다음을 읽고 질문에 답하세요.

3. 다음 글에 대한 설명으로 옳은 것을 고르세요.

> 최근 도서 중고 거래를 하는 사람들이 많아지고 있다. 중고 거래 사이트에서는 자신이 읽은 책을 팔 수 있고 깨끗한 중고 책을 정가보다 싸게 살 수도 있다. 하지만 책에다가 메모를 했거나 더러워진 것은 중고 거래 사이트에서 팔기 어렵다. 도서 중고 거래를 하면 책을 한 번 읽고 책꽂이에 꽂아 두는 것이 아니라 많은 사람들이 읽을 수 있게 된다. 그렇기 때문에 앞으로도 도서 중고 거래가 점점 늘어날 것이다.

① 이용자가 적어서 도서 중고 거래는 앞으로 점점 줄어들 것이다.
② 한 번 읽은 책을 책꽂이에 꽂아 두는 것이 중고 거래보다 의미가 있다.
③ 도서 중고 거래 사이트에서는 책을 실제 가격보다 싸게 사고판다.
④ 책에다가 메모를 한 것도 중고 거래 사이트에서 인기가 많다.

4. 다음 글에 대한 설명으로 <u>옳지 않은</u> 것을 고르세요.

> 저는 교통이 편리한 곳으로 이사를 가고 싶습니다. 지금 살고 있는 곳이 마음에 들지만 마트와 병원이 멀어서 불편합니다. 장을 보러 가려면 차로 30분 정도 나가야 하고 대중교통 수단을 이용할 수 없습니다. 그래서 연말에 전세 계약이 끝나기 전에 이사 갈 집을 알아볼 생각입니다.

① 집에서 마트까지 가려면 차로 30분 정도 걸린다.
② 지금 사는 곳은 대중교통 수단을 이용하기가 불편하다.
③ 나는 지금 사는 집의 전세 계약을 연장하려고 한다.
④ 나는 교통이 편리한 곳에서 살고 싶다.

5. 다음 글에 대한 설명으로 <u>옳지 않은</u> 것을 고르세요.

행복 문화 센터 2020

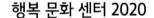
봄맞이 수강생 모집

비누 만들기	초급 요가	한식 배우기	주부 노래 교실
(월) (수) 10:00~10:50	(화) (목) 9:00~9:50	(목) 19:00~21:00	(금) 14:00~15:30
참가비: 2만 원	참가비: 5만 원	참가비: 7만 원	참가비: 무료

강좌 기간 3/12(월)~5/28(목)
접수 기간 3월 개강 전까지 선착순 사전 접수
방문 접수 평일 오전 9~18시까지
접수처 행복 문화 센터 2층

접수 문의: 052) 111-○○○○
강좌를 2개 이상 신청할 경우 전체 수업료의 10% 할인

① 비누 만들기 수업은 일주일에 두 번 있다.
② 모든 수업은 수강료를 지불해야 들을 수 있다.
③ 요가와 비누 만들기 수업을 둘 다 신청하면 63,000원이 필요하다.
④ 수업을 신청하려면 행복 문화 센터에 가야 한다.

※ [6~7] 다음을 읽고 물음에 답하세요.

살면서 여러 관계 속에서 다양한 사람들을 만나다 보면 갈등이 생겨서 상처를 받을 때가 많다. 그래서 요즘 '인맥 다이어트'가 유행이다. 연락을 자주 하지 않는 사람이나 마음이 안 맞는 사람과 관계를 정리하는 것이다.

(㉠) 항상 마음이 맞는 사람만 만날 수는 없다. 다양한 사람들과 함께 일을 하고 사람을 상대하는 방법을 배우면서 우리들은 더 많이 성장할 수 있다. 나와 다르다고 해서 쉽게 관계를 정리하면 결국에는 외로워질 것이다.

6. ㉠에 들어갈 알맞은 말을 고르세요.

① 그리고   ② 따라서   ③ 게다가   ④ 그렇지만

7. 글의 중심 내용으로 가장 옳은 것을 고르세요.

① 살면서 관계 속에서 상처받을 때가 있다.
② 요즘 사람들이 '인맥 다이어트'를 많이 한다.
③ 사람 때문에 힘들 때도 있지만 그 과정 속에서 성장할 수 있다.
④ 나와 성격이나 마음이 안 맞는 사람이 있으면 만나지 않으면 된다.

※ [8~9] 다음을 읽고 물음에 답하세요.

지난주에 한국 친구의 초대로 연극 공연을 보고 왔다. 가끔 극장에서 영화를 본 적은 있지만 연극을 본 것은 (㉠). 연극은 배우들이 연기하는 모습을 직접 볼 수 있어서 좋았다.

한국 친구가 나에게 인터넷 사이트에서 공연 티켓 예매하는 방법을 가르쳐 주었다. 또 잘 찾으면 할인 티켓을 살 수 있다는 것도 알게 되었다.

한국에 처음 왔을 때는 생활에 적응하느라 이렇게 공연을 볼 생각도 못했지만 앞으로는 가끔씩 문화생활도 즐겨야겠다.

8. ㉠에 들어갈 알맞은 말을 고르세요.

① 자주 있는 일이다   ② 이번이 마지막이다   ③ 좋은 일이다   ④ 이번이 처음이다

9. 윗글의 중심 내용으로 옳은 것을 고르세요.

① 한국에서 문화생활을 즐기는 것에 관심이 생겼다.
② 나는 공연 티켓 예매를 직접 한 적이 있다.
③ 나는 극장에 가서 영화를 전혀 본 적이 없다.
④ 앞으로도 한국 생활이 바빠서 문화생활을 할 수 없을 것이다.

※ [1~2] 다음 그림을 보고 대화문을 만들어 옆 사람과 대화해 보세요.

1. 상담 전문가와 상담받는 사람

> – 주변 사람들과의 관계에서 힘든 점이 뭐예요?
> – 상대에게 어떤 조언을 해 주면 좋을까요?

가: _____

나: _____

가: _____

나: _____

가: _____

나: _____

2. 소비 습관에 대해 이야기하기

> – 한 달 생활비에서 무엇에 지출을 많이 해요?
> – 생활비를 절약할 수 있는 방법이나 노하우가 있어요?

가: _____

나: _____

가: _____

나: _____

가: _____

나: _____

쓰기

※ [1~2] 다음 대화문에 알맞은 말을 쓰세요.

1.

가: 컴퓨터를 언제부터 배웠어요?

나: 지난달부터 수업을 듣고 있어요. 우연히 다문화 센터에 _____ 신청하게 됐어요.

가: 그래요? 수업이 어렵지 않아요?

나: 조금 어렵기는 하지만 재미있어요.

2.

가: 이번 달 전기세가 지난달보다 5만 원이나 _____.

나: 어떻게 그렇게 차이가 나지요?

가: 에어컨을 많이 틀어서 그런 것 같아요. 앞으로는 전기를 절약하는 습관을 들여야겠어요.

3. 다음 내용을 포함하여 '내가 좋아하는 음식'이라는 제목으로 글을 쓰세요.

- 음식 이름
- 음식의 맛
- 음식의 재료
- 요리 방법

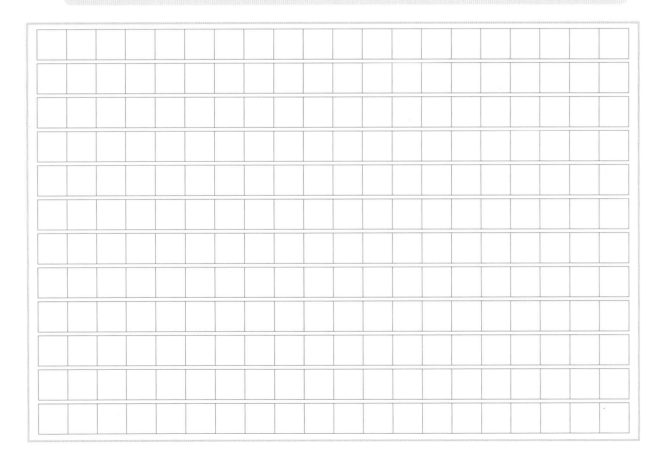

9 고장과 수리

어휘: 고장, 수리

문법: 동형-어서 그런지
　　　동-나요?, 형-은가요?

활동: 서비스 센터에 전화 문의하기
　　　집 수리 요청하는 글 쓰기

문화와 정보: 전자 제품 보증 기간

- 무슨 문제가 생긴 것 같아요?
- 여러분은 이런 문제가 생기면 어떻게 해요?

1. 어떤 고장이 났는지 이야기해 보세요.

하수구가 막혔어요

변기가 막혔어요

물이 안 나와요

물이 새요

전등이 나갔어요

문이 잠겼어요

가스불이 안 들어와요

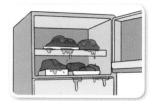

냉동이 안 돼요

와이파이 연결이 안 돼요

액정이 깨졌어요

부팅이 안 돼요

전원이 안 켜져요

2. 전자 제품이 고장 나면 어떻게 해요?

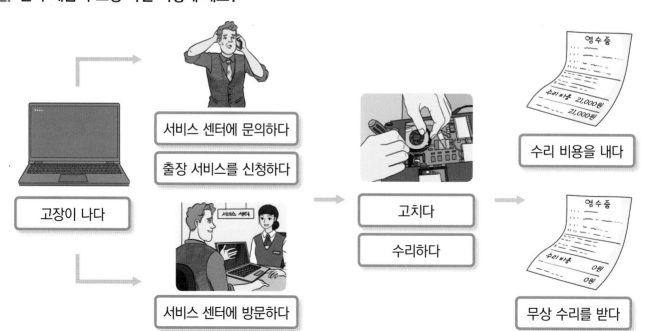

서비스 센터에 문의하다

출장 서비스를 신청하다

고장이 나다

서비스 센터에 방문하다

고치다

수리하다

수리 비용을 내다

무상 수리를 받다

1 동 형 -어서 그런지

명확히 말하기 어려운 이유를 추측하여 말할 때 사용한다.

후엔: 휴대 전화에 무슨 문제 있어요?

라민: 네, 지하에 있어서 그런지 와이파이 연결이 잘
안 돼요.

예문

• 가: 왜 그래요, 어디 아파요?

　나: 딱딱한 걸 계속 씹어서 그런지 이가 아프네요.

• 더운 나라에서 와서 그런지 한국 겨울이 너무 추워요.

• 동생이 아르바이트를 시작해서 그런지 전화를 잘 안 받아요.

-아서 그런지	• 가다 → 가서 그런지 • 나오다 → 나와서 그런지
-어서 그런지	• 되다 → 되어서 그런지 • 막히다 → 막혀서 그런지
-해서 그런지	• 사용하다 → 사용해서 그런지 • 피곤하다 → 피곤해서 그런지

Tip '명이다'는 '명이어서/여서 그런지'를 사용한다.

1. 문제의 이유를 추측해서 보기 와 같이 친구와 이야기해 보세요.

물이 왜 이렇게
안 내려가지요?

머리카락이 들어가서 그런지
하수구가 막힌 것 같아요.

문제 　　　　　　추측

보기　　물이 왜 이렇게 안 내려가지요?　⋯⋯⋯⋯⋯　머리카락이 들어가다

1)　냉동이 잘 안 되는 이유가 뭐예요?　⋯⋯⋯⋯⋯　냉동실에 음식물을 많이 넣다

2)　휴대 전화 전원이 왜 안 켜져요?　⋯⋯⋯⋯⋯　아까 바닥에 떨어뜨리다

3)　벽에서 물이 왜 새는 걸까요?　⋯⋯⋯⋯⋯　집이 오래되다

4)　인터넷이 왜 이렇게 느릴까요?　⋯⋯⋯⋯⋯　다운로드 받은 앱이 많다

2. 다음의 문제가 생긴 이유를 추측해서 이야기해 보세요.

• 휴대 전화 속도가 느려졌어요.
• 변기가 막혔어요.
• 컴퓨터 부팅이 안 돼요.

게임을 많이 해서 그런지 휴대 전화
속도가 좀 느린 것 같아요.

단어장

딱딱하다
바닥
떨어뜨리다
속도

2 동-나요?, 형-은가요?

상대방에게 질문할 때에 사용하는 말로 부드럽고 친근한 느낌을 준다.

이링: 노트북이 고장 나서 서비스 센터에 방문하려고 하는데 예약을 해야 되나요?

동료: 네, 예약하고 가는 게 좋아요.

예문

• 가: 이번 주말에 사용해야 하는데 고치는 데 얼마나 걸리나요?

  나: 이틀 정도 걸립니다.

• 예방 주사 맞을 때 많이 아팠나요?

• 한국어를 배우는 사람이 많은가요?

-나요?	• 켜지다 → 켜지나요?
	• 새다 → 새나요?
-은가요?	• 많다 → 많은가요?
	• 좋다 → 좋은가요?
-ㄴ가요?	• 싸다 → 싼가요?
	• 크다 → 큰가요?

Tip '명이다'는 '명인가요?'를 사용한다.

---

1. 다음의 상황에서 알고 싶은 것을 보기와 같이 수리 기사에게 질문해 보세요.

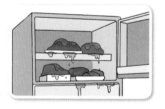

어디가 고장 났나요?

냉기가 약합니다.

보기	어디가 고장 났어요?	………	냉기가 약하다
1)	어떻게 해야 돼요?	………	온도를 조절하고 점검해야 되다
2)	수리하는 데 얼마나 걸려요?	………	한 시간 정도 걸리다
3)	수리 비용이 많이 비싸요?	………	출장비만 나오다
4)	무상 수리를 받을 수 있어요?	………	무상 수리를 받을 수 있다

---

2. 친구들에게 궁금한 것을 물어보고 함께 이야기해 보세요.

• 취미
• 사는 곳
• 한국어를 배우는 이유

시간이 있을 때 뭘 하나요?

저는 영화를 보거나 에스엔에스(SNS)를 해요.

단어장

예방 주사
냉기
조절하다
점검하다

1. 아나이스 씨가 서비스 센터 직원과 이야기합니다. 다음 대화처럼 이야기해 보세요.

아나이스: 노트북에 문제가 있어서 서비스 문의 좀 드리려고 하는데요.

직　　원: 네, 고객님. 어떤 문제가 있는지 말씀해 주시겠어요?

아나이스: 어제부터 전원이 안 켜지는데 어떻게 해야 되나요?

직　　원: 갑자기 문제가 생긴 건가요? 혹시 다른 문제는 없으셨어요?

아나이스: 며칠 전부터 속도가 좀 느려졌어요.

직　　원: 고객님, 가까운 서비스 센터에 방문하셔서 점검을 받아 보셔야 할 것 같습니다.

아나이스: 아, 그래요? 그럼 예약 좀 부탁드려요.

3-9 EBOOK

1) 어제부터 전원이 안 켜지다 ｜ 가까운 서비스 센터에 방문하다

2) 갑자기 부팅이 안 되다 ｜ 출장 서비스를 신청하다

2. 텔레비전과 냉장고가 고장 났습니다. 손님과 서비스 센터의 상담 직원이 되어 대화해 보세요.

손님
• 텔레비전 전원이 안 켜지다
• 냉동이 잘 안 되다

서비스 센터 직원
• 출장 서비스를 신청하다
• 냉동실 온도를 먼저 확인하다

1. 휴대 전화에 어떤 문제가 생겼을 때 서비스 센터에 갑니까?

휴대 전화 액정이 깨졌을 때 가요.

휴대 전화에 물이 들어갔을 때 가요.

9-L.mp3

2. 라흐만 씨가 서비스 센터 직원과 이야기합니다. 잘 듣고 질문에 답해 보세요.

1) 라흐만 씨의 휴대 전화 액정은 왜 깨졌습니까?

_____

2) 들은 내용과 같으면 〇, 다르면 X 하세요.

❶ 일주일 전에 액정이 깨졌다.   (   )

❷ 액정이 많이 깨져서 비용이 많이 든다.   (   )

❸ 수리 후에 영수증을 보험사로 보내야 한다.   (   )

> **단어장**
>
> 보험에 가입하다
> 고객 부담금
> 제외하다
> 환급받다
> 갈등
> 일시적

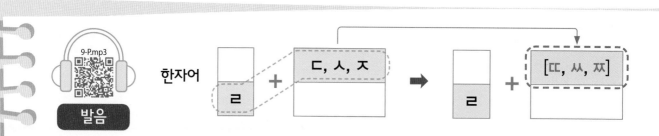

9-P.mp3

발음

한자어   ㄹ   +   ㄷ, ㅅ, ㅈ   ➡   ㄹ   +   [ㄸ, ㅆ, ㅉ]

갈등[갈뜽]
일시적[일씨적]
출장[출짱]

다음을 듣고 따라 읽으세요.

1) 고객의 무리한 요구 때문에 **갈등**이 자주 생겨요.

2) 와이파이가 안 되는 것은 **일시적**인 문제예요.

3) 냉장고가 고장 나면 **출장** 서비스를 신청하세요.

1. 제품이 고장 났을 때 여러분은 먼저 무엇을 합니까?

플러그를		밸브를		온도를		펌프질을 하다
뽑다	꽂다	잠그다	열다	낮추다	높이다	

2. 집에 문제가 생기거나 제품이 고장 났을 때 자주 묻는 질문입니다. 알맞은 답변과 연결하고 이야기해 보세요.

자주 묻는 질문(FAQ)

- 텔레비전 전원이 안 켜져요.
- 변기가 막혔어요.
- 가스불이 안 들어와요.
- 냉동이 잘 안 돼요. 음식물이 자꾸 녹아요.
- 노트북 화면이 안 나와요.
- 휴대 전화 속도가 느려졌어요.

먼저 해 볼 수 있는 방법

- 온도가 높지 않은가요? 온도를 낮춰 보세요.
- 플러그를 잘 꽂았는지 확인해 보세요. 플러그를 뽑았다 다시 꽂아 보세요.
- 밸브를 열었는지 확인해 보세요.
- 전원을 껐다가 켜 보세요.
- 앱을 종료하거나 불필요한 데이터를 삭제해 보세요.
- 펌프질을 하거나 변기 뚫는 세제를 사용해서 뚫어 보세요.

> 텔레비전 전원이 안 켜져요.

> 서비스 센터에 문의하기 전에 플러그를 잘 꽂았는지 먼저 확인해 보세요. 아니면 플러그를 뽑았다 다시 꽂아 보세요.

3. 다음은 인터넷 게시판에 올라온 글입니다. 잘 읽고 질문에 답해 보세요.

« 홈 **Q&A** 답변하기 베스트 사람들 »

> **Q** 저희 집 변기가 자주 막혀요.
>
> 저희 집은 변기를 많이 사용하지도 않는데 너무 자주 막힙니다. 사용할 때마다 조심하는데 물이 잘 내려가지 않습니다. 일주일에 서너 번 이상 막히는 것 같습니다. 막힐 때마다 펌프질을 하고 변기 뚫는 세제를 사용해서 뚫는데 그때뿐이고 며칠 지나면 다시 막힙니다. 어떻게 하면 좋을까요?

> **A** 그 정도면 전문가 도움을 받으셔야 합니다.
>
> 일주일에 서너 번 이상 막히면 사용하실 때마다 스트레스가 심하셨겠어요. 변기가 막히는 이유는 여러 가지가 있습니다. 오래 사용하셨거나 물의 양이 부족해서 생기는 문제일 수도 있고, 변기 안에 이물질이 들어간 경우도 생각해 볼 수 있습니다. 이물질이 들어간 경우에는 펌프질이나 세제를 사용하는 것만으로는 해결이 안 됩니다. 전문가에게 연락하셔서 점검과 도움을 받으시기 바랍니다.

1) 어떤 문제가 있어서 인터넷 게시판에 질문을 했습니까?

_____

2) 윗글의 내용과 같으면 ○, 다르면 X 하세요.

❶ 이런 문제가 처음 생겼다. (　　　)

❷ 변기에 이물질이 들어갔을 때는 세제를 사용하면 된다. (　　　)

❸ 변기에 이물질이 들어갔을 때는 전문가의 도움이 필요하다. (　　　)

3) 변기가 막히는 이유가 <u>아닌</u> 것을 고르세요.

❶ 오래 사용해서

❷ 이물질이 들어가서

❸ 물의 양이 부족해서

❹ 펌프질을 자주 해서

> 단어장
>
> **이물질**

1. 집주인이나 관리 사무실에 집수리를 요청하려고 합니다. 요청할 내용을 메모해 보세요.

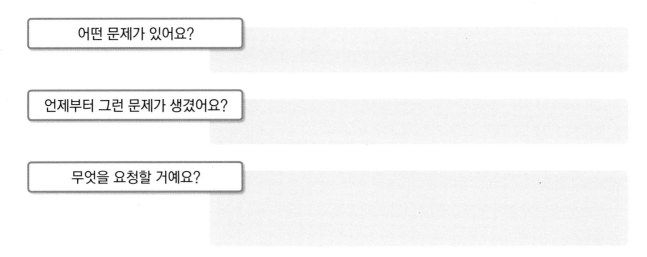

어떤 문제가 있어요?

언제부터 그런 문제가 생겼어요?

무엇을 요청할 거예요?

2. 위 내용을 바탕으로 집주인이나 관리 사무실에 수리를 요청하는 글을 써 보세요.

받는 사람: 디오빌 관리 사무실(manager@dovill.com)

제　　목:

전자 제품 보증 기간

　전자 제품을 사면 보증서를 받는다. 보증서에는 모델명, 구입 일자, 보증 내용, 보증 기간 등이 있다. 제품 보증 기간이란 제조사나 제품 판매자가 소비자에게 무료 수리를 약속한 기간을 말한다. 이때 보증 기간은 구입 일자를 기준으로 하며, 구입 일자는 제품 보증서나 영수증으로 확인한다.

　보증서가 있다고 해서 보증 기간 내에 언제나 무상으로 수리를 받는 것은 아니다. 보증 기간 내에 정상적인 상태에서 발생한 고장에 대해서는 무상 수리가 가능하지만 사용 설명서의 주의 사항을 지키지 않았거나 고객의 실수로 고장이 난 경우에는 수리 비용을 지불해야 한다.

　보증 기간은 제품에 따라 다른데 보통 스마트폰이나 일반 전자 제품은 1년, 에어컨 등 계절 제품은 2년이다.

1) 전자 제품의 보증서에는 어떤 정보가 있습니까?
2) 어느 경우에 무상 수리를 받을 수 있습니까?
3) 여러분이 가지고 있는 물건의 보증 기간은 얼마나 됩니까?

☐ 고장이 나다

☐ 하수구가 막히다

☐ 변기가 막히다

☐ 물이 안 나오다

☐ 물이 새다

☐ 전등이 나가다

☐ 문이 잠기다

☐ 가스불이 안 들어오다

☐ 냉동이 안 되다

☐ 와이파이 연결이 안 되다

☐ 액정이 깨지다

☐ 부팅이 안 되다

☐ 전원이 안 켜지다

☐ 서비스 센터에 문의하다

☐ 출장 서비스를 신청하다

☐ 서비스 센터에 방문하다

☐ 고치다

☐ 수리하다

☐ 수리 비용을 내다

☐ 무상 수리를 받다

☐ 딱딱하다

☐ 바닥

☐ 떨어뜨리다

☐ 속도

☐ 예방 주사

☐ 냉기

☐ 조절하다

☐ 점검하다

☐ 보험에 가입하다

☐ 고객 부담금

☐ 제외하다

☐ 환급받다

☐ 갈등

☐ 일시적

☐ 플러그

☐ 뽑다

☐ 꽂다

☐ 밸브

☐ 잠그다

☐ 펌프질

☐ 종료하다

☐ 뚫다

☐ 이물질

10 취업

어휘: **취업**

문법: 통-기 위해서

　　　통-어 놓다

활동: 구직 활동에 대해 조언하기

　　　이력서 작성하기

문화와 정보: 급여와 세금

- 이 사람은 무엇을 하려고 해요?
- 여러분은 한국에서 어떤 일을 하고 싶어요?

1. 한국에서 어떤 일을 하고 싶어요?

> 한국에서 어떤 일을 구해요?
> 여기에서 어떤 일을 하고 싶어요?

1)

학원 강사/
다문화 언어 강사

2)

편의점 아르바이트/
시간제로 할 수 있는 일

3)

사업하다/
가게를 차리다

4)

통역이나 번역 일을 하다/
전문성 있는 일을 하다

> 어떤 회사에서 일하고 싶어요?
> 어떤 회사에 취직하고 싶어요?

5)

· 안정적인 회사
· 근무 환경이 좋은 회사

6)

· 월급을 많이 주는 회사
· 출퇴근이 자유로운 회사

7)

· 발전 가능성이 있는 회사
· 사회에 기여할 수 있는 회사

8)

· 자기 계발을
  할 수 있는 회사
· 일에 대한 보람을
  느낄 수 있는 회사

2. 취업을 위해서 뭘 해요?

1) 구인 광고를 보다 → 2) 이력서·지원서를 쓰다/작성하다 → 3) 서류를 제출하다 → 4) 필기시험을 보다 → 5) 면접을 보다 → 6) 합격 통보 문자를 받다

1 동-기 위해서

앞의 내용이 뒤 행동의 목적이나 의도임을 나타낸다.

잠시드: 한국 회사에 **취직하기 위해서** 뭘 준비하고 있어요?
고 천: 저는 컴퓨터를 배우고 있어요.

예문

- 가: 쓰레기를 **줄이기 위해** 어떤 노력을 해야 합니까?
  나: 우선 일회용품의 사용을 줄여야 할 것입니다.

- 한국 국적을 **취득하기 위해** 1년 전부터 한국어 공부를 하고 있다.

- 일하는 엄마들은 아이 맡길 곳을 **찾기 위해** 노력하고 있다.

-기 위해서	
• 배우다	→ **배우기 위해서**
• 읽다	→ **읽기 위해서**
• 합격하다	→ **합격하기 위해서**
• 살다	→ **살기 위해서**

---

1. 그림을 보고 보기와 같이 친구와 이야기해 보세요.

요즘 어떤 일을 준비하고 있어요?

토픽 시험에 합격하기 위해 열심히 공부하고 있어요.

토픽 시험에 합격하다

1)

통역사가 되다

2)

주민 등록증
김 기 호 (金 氣 鎬)
750421-1234567
서울특별시 광진구 구의동
101- 10
2002.9.1.
서울특별서 서울구청장

한국 국적을 취득하다

3)

우리 아이에게 한글을 가르치다

---

2. 요즘 특별히 하고 있는 일에 대해 친구들과 이야기해 보세요.

요즘 뭐 하세요?

가게를 차리기 위해 준비하고 있어요.
가게 자리도 알아보고 운전도 배우고 있어요.

2 동 -어 놓다

어떤 행동을 끝내고 그 결과를 유지함을 나타낸다.

후 엔: 휴가철인데 비행기표가 있을까요?
박민수: 걱정 말아요. 미리 예약해 놓았어요.

예문

• 가: 그 회사에 지원하려고 하는데 뭘 준비해야 돼요?
  나: 이력서나 지원서가 필요해요. 미리 이력서를 써
     놓는 것이 좋을 거예요.

• 오늘 친구들과 등산을 가기로 했다. 그래서 아침 일찍
  샌드위치를 만들어 놓았다.

• 숙제를 미리 해 놓아서 마음이 편하다.

-아 놓다	• 사다 → 사 놓다
	• 찾다 → 찾아 놓다
-어 놓다	• 쓰다 → 써 놓다
	• 만들다 → 만들어 놓다
-해 놓다	• 준비하다 → 준비해 놓다
	• 연락하다 → 연락해 놓다

---

1. 그림을 보고 보기 와 같이 친구와 이야기해 보세요.

토요일이 아나이스 씨 생일인데
선물은 준비했어요?

보기
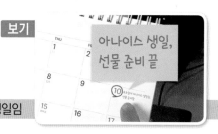

네, 선물을 준비해 놓았어요.

토요일이 아나이스 생일임   선물 준비함

1)
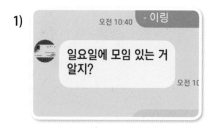

일요일에 모임이 있음   친구들에게 연락함

2)

비행기가 출발함   휴대 전화를 끔

3)

11일까지 서류를 제출해야 함   지원서 씀

---

2. 미리 해 놓으면 좋은 일에 대해 친구들과 이야기하세요.

손님이 오시는데 방이 너무 덥네요.

빨래를 해야 되는데 내일 시간이 없을 거 같아요.

미리 에어컨을
켜 놓으세요.

……

1. 라흐만 씨와 아나이스 씨가 구직에 대해 이야기합니다. 다음 대화처럼 이야기해 보세요.

라 흐 만: 아나이스 씨는 무슨 일을 하고 싶어요?

아나이스: 네, 저는 무역 회사에 취직하고 싶어요.

라 흐 만: 아, 그러세요? 아나이스 씨는 한국말을 어느 정도
할 수 있으니까 문제없을 거예요.

아나이스: 그런데 한국에서 일하기 위해서 무엇이 필요해요?

라 흐 만: 무역 회사에 취직하려면 컴퓨터를 할 줄 알아야
해요. 그러니까 이력서를 정성껏 쓰고 컴퓨터
자격증도 미리 따 놓으세요.

아나이스: 네, 그럴게요.

3-10 EBOOK

1) 무역 회사에 취직하다 | 컴퓨터를 할 줄 알다 | 컴퓨터 자격증을 미리 따다

2) 학교에서 영어를 가르치다 | 면접을 잘 보다 | 면접시험을 잘 준비하다

2. 아래 상황에 맞게 구직하려는 사람과 조언하는 사람이 되어 대화해 보세요. 그리고 여러분의 이야기를
해 보세요.

구직하려는 사람	조언하는 사람
• 초등학교의 다문화 언어 강사 • •	• 교육 연수를 받아야 한다. • •

1. 여러분은 면접을 본 경험이 있습니까? 보통 어떤 질문을 받습니까?

우리 회사에 지원한 이유가 무엇입니까?

입사하면 어떤 일을 하고 싶습니까?

우리 회사에 입사하기 위해 무엇을 준비했습니까?

2. 애나 씨가 면접을 봅니다. 잘 듣고 질문에 답해 보세요.

10-L.mp3

1) 애나 씨는 왜 여기에 지원했습니까?

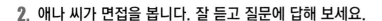

2) 들은 내용과 같으면 ○, 다르면 X 하세요.

❶ 애나 씨는 학생들을 가르친 적이 없다. ( )

❷ 애나 씨는 자격증을 따기 위해 준비하고 있다. ( )

❸ 애나 씨는 면접관과 일주일 후에 만나기로 약속했다. ( )

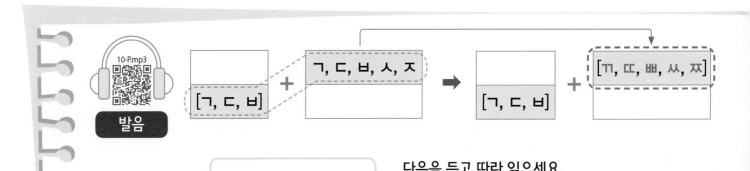

10-P.mp3

발음

[ㄱ, ㄷ, ㅂ] + ㄱ, ㄷ, ㅂ, ㅅ, ㅈ → [ㄱ, ㄷ, ㅂ] + [ㄲ, ㄸ, ㅃ, ㅆ, ㅉ]

자격증[자격쯩]
이력서[이력써]
경력 증명서[경녁 쯩명서]

다음을 듣고 따라 읽으세요.

1) 교사 **자격증**을 땄습니다.
2) **이력서**를 어떻게 써야 돼요?
3) **경력 증명서**를 제출해 주세요.

1. 사람을 구하는 광고입니다. 다음 빈칸에 들어갈 단어를 아래에서 찾아보세요.

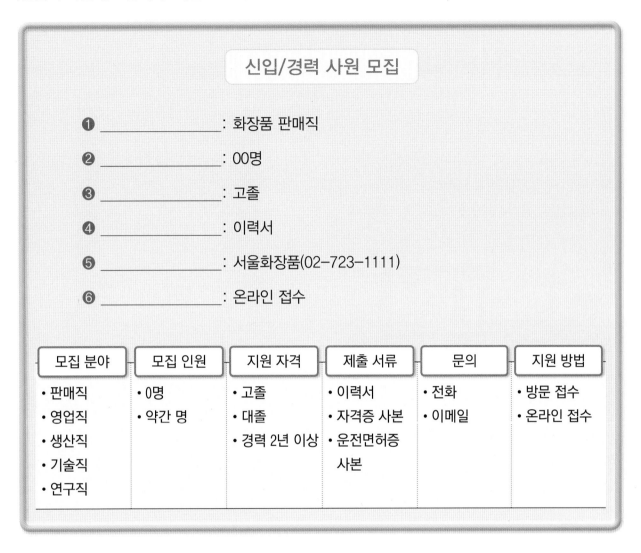

신입/경력 사원 모집

❶ _____ : 화장품 판매직

❷ _____ : 00명

❸ _____ : 고졸

❹ _____ : 이력서

❺ _____ : 서울화장품(02-723-1111)

❻ _____ : 온라인 접수

모집 분야	모집 인원	지원 자격	제출 서류	문의	지원 방법
• 판매직 • 영업직 • 생산직 • 기술직 • 연구직	• 0명 • 약간 명	• 고졸 • 대졸 • 경력 2년 이상	• 이력서 • 자격증 사본 • 운전면허증 사본	• 전화 • 이메일	• 방문 접수 • 온라인 접수

2. 회사에 지원하려고 합니다. 무엇을 제출해야 됩니까?

〈서류〉	〈각종 증명서〉	〈신분증 사본〉	〈자격증〉
• 지원서 • 이력서 • 자기소개서	• 성적 증명서 • 졸업 증명서 • 경력 증명서 • 가족 관계 증명서	• 여권 사본 • 외국인 등록증 사본	• 컴퓨터 자격증 • 운전면허증

3. 다음은 구인 광고입니다. 잘 읽고 질문에 답해 보세요.

외국인 영어 교사를 모십니다

모집 분야: 방과 후 영어 교사
모집 인원: 2명
지원 자격: 대졸(영어 전공)
제출 서류: 이력서, 여권 사본

※ 궁금한 점은 ○○중학교(032-289-1234)로 문의하세요.

아르바이트 직원 구함

o **업무:** 사무용품 배송
o **인원:** ○명
o **자격:** 고졸, 운전면허증 소지자
o **근무 시간:** 월~금 14:00~19:00
o **제출 서류:** 이력서
o **지원 방법:** 온라인 접수
  stationeryshop@moj.co.kr
o **문의:** ㈜사무나라(02-123-4567)

1) 무엇을 하기 위해서 쓴 글입니까?

_____

2) 윗글의 내용과 같으면 ○, 다르면 X 하세요.

❶ 중학교에서 근무합니다. ( )

❷ 이력서와 여권 사본을 제출해야 합니다. ( )

3) 누가 여기에 지원할 수 있습니까?

1) 무엇을 하기 위해서 쓴 글입니까?

_____

2) 윗글의 내용과 같으면 ○, 다르면 X 하세요.

❶ 사무용품을 배달하는 일을 합니다. ( )

❷ 오후에 근무합니다. ( )

3) 누가 여기에 지원할 수 있습니까?

❶
마이클(25세)
• 대졸(음악 전공)
• 학원 영어 강사 경력 3년

❷
마리(23세)
• 대졸(영어영문학 전공)
• 경력 없음

❶
자말(30세)
• 고졸
• 택배 기사 경력 1년
• 운전면허증 있음

❷
소천(28세)
• 고졸
• 백화점 판매 사원으로 10년 근무

1. 취직하려면 이력서가 필요합니다. 이력서에는 어떤 내용이 들어갑니까?

주소	경기도 의정부시 동일로 150 102동 1205호
학력	2011. 3.~2014. 2. 다카고등학교
경력	2018. 1.~현재 케이 코스메틱주식회사 사원

2. 다음은 이력서 양식입니다. 여러분의 이력서를 써 보세요.

이 력 서

이름		영문		국적	
전화번호		휴대 전화			
여권 번호			E-mail		
주소					

학력

기간	학교명 및 전공	구분

경력

기간	기관명	직위	비고

자격증

취득일	자격증/면허증	등급	발행처

위에 기재한 사항은 사실과 틀림이 없습니다.

년   월   일

성 명 :   (인)

급여와 세금

직장인들이라면 누구나 기다리는 날이 있다. 바로 급여일이다. 한국의 직장인은 보통 한 달에 한 번씩 급여를 받는다. 그래서 한 달에 한 번 급여를 받는 것을 월급을 받는다고 한다. 급여는 크게 기본급과 수당이 있다. 기본급은 일을 하고 받는 기본적인 급여이다. 그리고 수당은 가족 수당, 초과 근무 수당, 상여 수당 등으로 종류가 다양하다.

한국의 직장인은 급여를 어떻게 받을까? 보통 한 달에 한 번씩 은행 계좌를 통해 받는다. 그런데 계좌에 입금되는 돈은 실제 지급되는 월급과 차이가 있다. 세금, 건강 보험료, 정기 적금 등을 급여에서 공제하기 때문이다. 세금과 건강 보험료는 급여 액수에 따라 달라지는데 당연히 급여가 많으면 많을수록 세금과 건강 보험료도 많이 내게 된다. 단순히 세금의 액수가 많아지는 것이 아니고 급여 액수가 많을수록 세금을 내는 비율이 높아진다는 것을 알 필요가 있다.

1) 한국의 직장인이 받는 급여는 어떻게 구성됩니까?
2) 한국의 직장인에게 지급되는 급여 액수와 실제로 계좌에서 입금되는 액수가 다른 이유는 무엇입니까?
3) 여러분 고향에서는 직장인이 어떻게 급여를 받습니까?

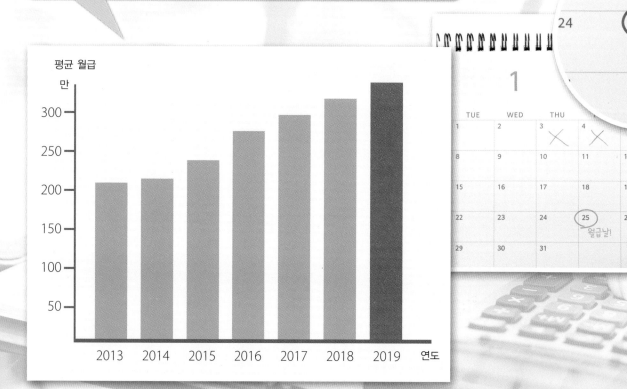

직장인 평균 월급

( )월분 급여 명세서		
	성명	
지급 내역	공제 내역	
기본급	국민연금	
식대	건강 보험	
차량 유지비	적금	
가족 수당	소득세	
초과 근무 수당	주민세	
상여 수당		
소계	소계	
실수령액		

배운 어휘 확인

- [ ] 학원 강사
- [ ] 다문화 언어 강사
- [ ] 편의점 아르바이트
- [ ] 시간제
- [ ] 사업하다
- [ ] 가게를 차리다
- [ ] 통역
- [ ] 번역
- [ ] 전문성
- [ ] 안정적이다
- [ ] 근무 환경
- [ ] 월급
- [ ] 출퇴근이 자유롭다
- [ ] 발전 가능성
- [ ] 사회에 기여하다
- [ ] 자기 계발
- [ ] 보람을 느끼다
- [ ] 구인 광고
- [ ] 이력서
- [ ] 지원서
- [ ] 서류를 제출하다
- [ ] 필기시험을 보다
- [ ] 면접을 보다
- [ ] 분야
- [ ] 인원
- [ ] 제출
- [ ] 문의
- [ ] 지원
- [ ] 증명서
- [ ] 사본
- [ ] 자격증

11 부동산

어휘: 집 구하기, 계약

문법: 동형-는 데다가

　　　동형-는다

활동: 부동산에서 집 구하기

　　　살고 싶은 집에 대해 쓰기

문화와 정보: 공유 주택(셰어 하우스)

- 이 사람들은 무엇을 하고 있어요?
- 여러분은 집을 어떻게 구했어요?

1. 집의 종류에는 어떤 것이 있어요? 집을 어떻게 구했어요? 다음을 보고 이야기해 보세요.

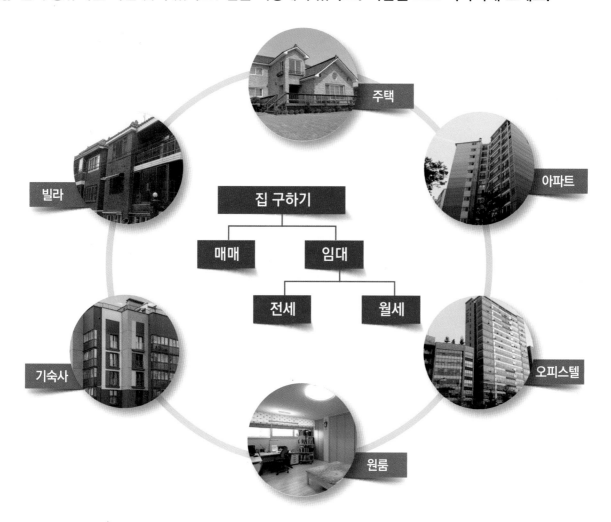

주택

아파트

빌라

집 구하기

매매　임대

전세　월세

오피스텔

기숙사

원룸

2. 여러분은 집을 구할 때 무엇을 중요하게 생각해요? 다음을 보고 이야기해 보세요.

교통
• 교통이 편리하다/불편하다
• 지하철역/버스 정류장이 가깝다/멀다
• 주차할 곳이 있다/없다
• 집 근처에 고속 도로가 있다

주변 환경
• 다양한 편의 시설이 많다/적다
• 시장, 마트, 편의점, 쇼핑몰이 있다/없다
• 공원, 산책로가 있다/없다
• 학교가 가까워서(멀어서) 교육 환경이 좋다/나쁘다

집 내부 환경
• 전망이 좋다/나쁘다
• 햇빛이 잘 들어오다
• 방/거실/화장실/부엌이 넓다
• 침대/책상/세탁기/냉장고 옵션이 있다/없다

1 동 형 -는 데다가

어떤 동작이나 상태와 비슷한 다른 동작이나 상태가
더해짐을 나타낼 때 사용한다.

라민: 집이 깨끗해서 좋네요.

부동산 중개업자: 네, 깨끗한 데다가 월세도 싸요.

예문

• 가: 집 좀 보러 왔는데요.

  나: 이 집은 어떠세요? 교통도 **편리한 데다가** 주변에 편의
    시설도 많아요.

• 요즘 밥을 많이 **먹는 데다가** 운동을 안 하니까 자꾸 살이 쪄요.

• 아파트는 사람이 많이 살 수 있는 **데다가** 편리하고 안전하다고
  생각해요.

-는 데다가	• 먹다 → 먹는 데다가	★ 만들다 → 만드는 데다가
	• 가다 → 가는 데다가	
-은 데다가	• 작다 → 작은 데다가	
	• 좋다 → 좋은 데다가	
-ㄴ 데다가	• 비싸다 → 비싼 데다가	★ 멀다 → 먼 데다가
	• 크다 → 큰 데다가	

Tip 명사일 때 '명 인 데다가'를 사용한다.

---

1. 그림을 보고 보기와 같이 친구와 이야기해 보세요.

방이 어때요?

보기

방이 좁은 데다가 어두워서
별로 마음에 안 들어요.

방이 좁다 / 어둡다

1)

비가 오다 / 바람도 불다

2)

흐엉 씨는 활발하다 / 친절하다

3)

이 집은 남향이다 / 전망도 좋다

---

2. 다음에 대해 '-는 데다가'를 사용하여 특징을 두 가지 이상 이야기하세요.

• 지금 살고 있는 집

• 지금 다니는 회사

• 나의 친구

지금 살고 있는 집은 월세도 싼 데다가
버스 정류장이 가까워요.

2 동 형 -는다

주로 신문, 책 등 객관적인 글에서 현재의 사실을 서술할 때 사용한다.

행복아파트 인기!

행복아파트가 **인기다**.
행복아파트는 교통이 편리하고
다양한 편의 시설이 **있다**.
또한 학교가 가까워서 교육
환경이 아주 **좋다**.

예문

- 한국은 다양한 형태의 집이 **있다**.
- 가장 많이 볼 수 있는 집은 **아파트다**.
- 사람들은 시설이 좋고 교통이 편리한 집을 **선호한다**.
- 집을 구할 때는 집의 상태를 꼼꼼하게 살펴보는 것이 **좋다**.

-는다	• 읽다 → **읽는다**	• 듣다 → **듣는다**
-ㄴ다	• 보다 → **본다** ★ 살다 → **산다**	• 계약하다 → **계약한다**
-다	• 많다 → **많다** • 가깝다 → **가깝다**	• 예쁘다 → **예쁘다**

Tip 명사는 '명(이)다'로 사용한다.

1. 다음을 보기와 같이 바꿔 보세요.

저는 방이 너무 좁아서 이사하려고 **합니다**.
집을 구하려고 부동산 중개소에 **갔습니다**.
부동산 중개인과 함께 집을 **구경했습니다**.
집은 햇빛이 잘 들어오고 전망이 **좋았습니다**.
집을 구경하면서 전기, 수도를 **살펴보았습니다**.
또한 이 집은 지하철역이 가까워서 교통이
편리합니다.
저는 이 집이 아주 마음에 **듭니다**.
그래서 다음 달에 **이사할 겁니다**.

➡

보기

　나는　 방이 너무 좁아서 이사하려고 　**한다**　.
집을 구하려고 부동산 중개소에 ❶＿＿＿＿＿＿＿.
부동산 중개인과 함께 집을 ❷＿＿＿＿＿＿＿.
집은 햇빛이 잘 들어오고 전망이 ❸＿＿＿＿＿＿.
집을 구경하면서 전기, 수도를 ❹＿＿＿＿＿＿.
또한 이 집은 지하철역이 가까워서 교통이
❺＿＿＿＿＿＿＿.
❻＿＿＿＿ 이 집이 아주 마음에 ❼＿＿＿.
그래서 다음 달에 ❽＿＿＿＿＿＿＿＿.

2. 다음의 글을 읽어 보세요.

나는 지난 주말에 **이사했다**. 지난번 집은 버스 정류장이 멀어서 조금 **불편했다**.
이번에 이사한 집은 지하철역과 버스 정류장이 **가깝다**. 또한 큰 마트와
식당 등 편의 시설이 많아서 생활도 **편리하다**.
집 근처에 공원이 있어서 산책도 할 수 있다. 방에서 공원이 보이는데 공원이
아주 **아름답다**. 창문이 커서 햇빛이 잘 들어오는 데다가 전망도 정말 **좋다**.
이 집으로 이사를 잘 한 것 **같다**.

단어장

형태
선호하다

1. 라민 씨와 부동산 중개인이 부동산 중개소에서 이야기합니다. 다음 대화처럼 이야기해 보세요.

라민: 안녕하세요? 집 좀 보려고 하는데요.

부동산 중개인: 어서 오세요. 어떤 집을 구하세요?

라민: 방 두 개인 월세 빌라를 찾고 있어요.

부동산 중개인: 잠깐만요. 마침 새로 나온 집이 있어요. 남향인 데다가 새로 수리해서 깨끗하고요.

라민: 아, 그래요? 근처에 지하철역이 있으면 좋겠어요.

부동산 중개인: 네, 있어요. 걸어서 5분 거리에 지하철이 있어요. 한번 보시겠어요?

라민: 네, 지금 바로 보여 주세요.

3-11 EBOOK

1) 방 두 개인 월세 빌라를 찾다 | 남향인 데다가 새로 수리해서 깨끗하다
근처에 지하철역이 있다 | 걸어서 5분 거리에 지하철이 있다

2) 방이 큰 원룸을 구하다 | 근처에 편의 시설이 있는 데다가 주차장도 있다
방에 가구와 전자 제품이 있다 | 침대와 책상, 세탁기와 냉장고 옵션이 있다

2. 여러분은 어떤 집이 더 마음에 들어요? 다음 집의 조건을 보고 이야기해 보세요.

행복빌라

- 전망이 좋다
- 근처에 편의 시설이 많다
- 주차장과 테라스가 있다

사랑빌라

- 교통이 편리하다
- 학교, 학원 등 교육 환경이 좋다
- 주변 환경이 깨끗하고 안전하다

단어장
테라스

1. 여러분은 집을 구할 때 어떤 조건을 중요하게 생각합니까?

조건	중요도
교통	☆ ☆ ☆ ☆ ☆
집 구조	☆ ☆ ☆ ☆ ☆
편의 시설	☆ ☆ ☆ ☆ ☆
교육 환경	☆ ☆ ☆ ☆ ☆

11-L.mp3

2. 후엔 씨와 부동산 중개인의 대화입니다. 잘 듣고 질문에 답해 보세요.

1) 후엔 씨는 어떤 집을 찾고 있습니까?

_____

2) 부동산 중개인은 어떤 집을 소개했습니까?

집 1	집 2
원룸 ☐ 빌라 ☐ 주택 ☐ 아파트 ☐	원룸 ☐ 빌라 ☐ 주택 ☐ 아파트 ☐
월세 ☐ 전세 ☐ 매매 ☐	월세 ☐ 전세 ☐ 매매 ☐
_____ 원	_____ 원

3) 두 집의 조건은 어떻게 다릅니까?

집 1	· ·
집 2	· ·

11-P.mp3

발음

[ㅂ, ㄷ, ㄱ] + [ㄴ, ㅁ] ➡ [ㅁ, ㄴ, ㅇ] + [ㄴ, ㅁ]

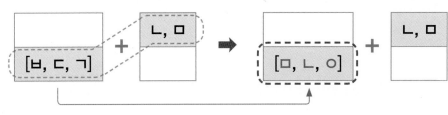

먹는[멍는]

듣는[든는]

입는[임는]

다음을 듣고 따라 읽으세요.

1) 건강을 위해서 아침에는 밥을 꼭 먹는 편이다.

2) 나는 비가 올 때 혼자 음악 듣는 것을 좋아한다.

3) 애나 씨는 옷을 잘 입는 데다가 성격도 좋아서 인기가 많다.

1. 여러분은 집을 보러 갈 때 무엇을 확인합니까? 중요하게 생각하는 곳에 ✓ 표시해 보세요.

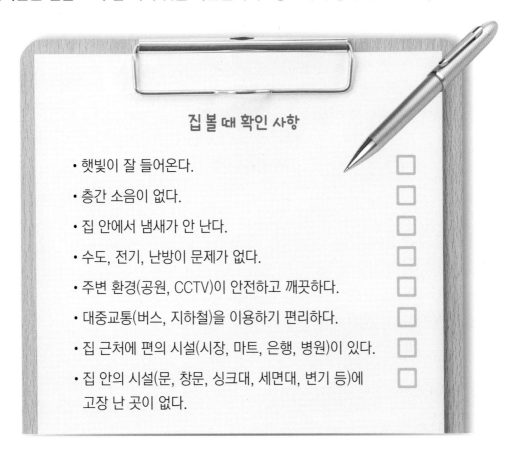

집 볼 때 확인 사항

- 햇빛이 잘 들어온다. ☐
- 층간 소음이 없다. ☐
- 집 안에서 냄새가 안 난다. ☐
- 수도, 전기, 난방이 문제가 없다. ☐
- 주변 환경(공원, CCTV)이 안전하고 깨끗하다. ☐
- 대중교통(버스, 지하철)을 이용하기 편리하다. ☐
- 집 근처에 편의 시설(시장, 마트, 은행, 병원)이 있다. ☐
- 집 안의 시설(문, 창문, 싱크대, 세면대, 변기 등)에 고장 난 곳이 없다. ☐

2. 여러분은 지금 살고 있는 집을 어떻게 구했습니까? 보기 에서 관련 있는 것을 써 보세요.

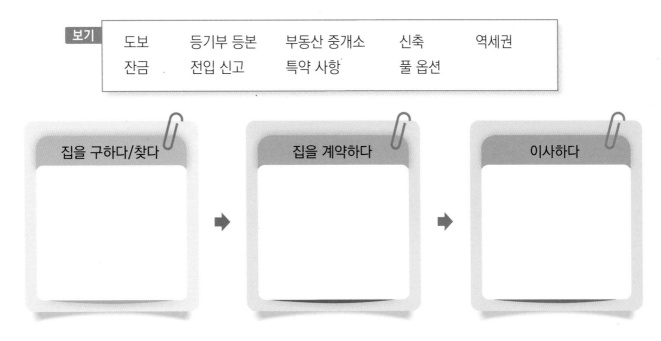

보기	도보	등기부 등본	부동산 중개소	신축	역세권
	잔금	전입 신고	특약 사항	풀 옵션	

집을 구하다/찾다 ➡ 집을 계약하다 ➡ 이사하다

3. 다음은 집을 구할 때의 확인 사항입니다. 잘 읽고 질문에 답해 보세요.

집을 구할 때의 확인 사항

집을 구할 때는 꼼꼼하게 확인해야 하는 것들이 있다. 집을 보러 다닐 때 가장 중요한 사항은 이사 갈 집의 안과 주변 상태를 살펴보는 것이다. 예를 들어, 집 안에 해가 잘 들어오는지, 소음이 없는지, 수도, 전기, 난방은 문제가 없는지, 시설(문, 창문, 싱크대, 세면대, 변기 등)에 고장 난 곳이 있는지 확인한다. 또한 집 주변에는 편의 시설이 있는지, 안전한지, 교통이 편리한지도 살펴봐야 한다.

집이 마음에 들어 계약하고 싶다면 집주인과 직접 계약하는 것이 안전하다. 부동산 중개업자가 대신 계약하는 경우 사고가 발생할 수 있다. 그리고 계약서를 꼼꼼하게 읽어 보고 입금 계좌가 집주인의 것인지 확인하고, 집수리 등 특약 사항을 자세하게 쓴다. 말로만 이야기하면 집에 문제가 생겼을 때 집주인이 약속을 안 지키는 경우가 있다. 특히 등기부 등본을 꼭 확인해야 한다. 집을 계약하는 사람이 집주인인 척하면서 다른 사람의 집을 팔거나 세를 준 후에 도망가는 경우가 있기 때문이다.

집을 계약한 후 이사하는 날 잔금을 지불하고 집 열쇠(또는 비밀번호)를 받는다. 그 후, 계약한 집에 이삿짐을 옮긴다. 전세나 월세로 집을 구하는 경우에는 주민 센터에 꼭 방문하여 전입 신고를 하고 확정 일자를 받아야 한다. 이렇게 하면 보증금을 안전하게 돌려받을 수 있다.

1) 집 보러 다닐 때 무엇을 확인해야 합니까?

> 집 안 _____

> _____

> 집 주변 _____

2) 계약할 때 무엇을 주의해야 합니까? 알맞은 말을 넣으십시오.

❶ 계약은 (　　　　　　)와/과 직접 하는 것이 안전하다.

❷ 계약서의 입금 계좌가 집주인의 것인지 확인하고, (　　　　　　)은/는 자세하게 쓴다.

3) 이사할 때 무엇을 해야 합니까? 순서대로 쓰십시오.

☐ ➡ ☐ ➡ ☐ ➡ ☐

(가) 잔금을 지불한다.　　　　　　　　　(나) 집 열쇠(또는 비밀번호)를 받는다.

(다) 새집에 이삿짐을 옮긴다.　　　　　　(라) 주민 센터에서 전입 신고를 한다.

1. 여러분은 어떤 집에서 살고 싶어요?

	살고 싶은 집
❶ 집의 위치	
❷ 집의 형태 (원룸, 주택, 빌라, 아파트)	
❸ 집의 구조 (방, 거실, 부엌, 마당 등)	
❹ 집 주변 환경	

2. '-는다/다'를 사용하여 여러분이 살고 싶은 집에 대해 써 보세요.

내가 살고 싶은 집

공유 주택 (셰어 하우스)

　공유 주택은 2인 이상의 사람들과 집을 공유하는 임대 주택으로서 최근에 젊은 세대 사이에서 급속히 퍼져 나가고 있다. 공유 주택에서는 거실, 주방, 기타 편의 공간(세탁실, 운동실, 공부방 등)을 같이 사용하지만 각자의 독립된 공간을 가질 수 있다. 당연히 한 사람이 부담해야 하는 공유 주택의 월세는 주변 집세보다 싸면서도 계약 기간은 최소 1개월이기 때문에 사회 초년생들에게 인기가 있다. 공유 주택이 인기가 있는 것은 경제적인 이유 때문만은 아니다. 퇴근 후나 주말에는 거주하는 사람들과 식사도 하고 여가 시간을 보내면서 대화하거나 취미 생활을 함께할 수 있는 것도 장점이다.

　공유 주택에서 '따로 또 같이' 살면서 집세, 생활비를 절약하고 다양한 인간관계와 일상생활을 경험하는 것은 이제 젊은 세대의 주거 문화가 되고 있다.

1) 공유 주택은 무엇입니까?

2) 공유 주택이 젊은 세대에게 인기가 있는 이유는 무엇입니까?

3) 여러분은 공유 주택에서 살게 된다면 어떤 사람들과 함께하고 싶습니까?

- [ ] 주택
- [ ] 아파트
- [ ] 오피스텔
- [ ] 빌라
- [ ] 원룸
- [ ] 기숙사
- [ ] 매매
- [ ] 임대
- [ ] 전세
- [ ] 월세
- [ ] 편의 시설
- [ ] 산책로
- [ ] 전망
- [ ] 햇빛
- [ ] 내부
- [ ] 환경
- [ ] 형태
- [ ] 선호하다

- [ ] 테라스
- [ ] 층간 소음
- [ ] 도보
- [ ] 등기부 등본
- [ ] 부동산 중개소
- [ ] 신축
- [ ] 역세권
- [ ] 잔금
- [ ] 전입 신고
- [ ] 특약 사항
- [ ] 풀 옵션

12 전통 명절

- 어떤 명절이에요? 이 사람들은 무엇을 하고 있어요?
- 여러분은 설날과 추석에 어떻게 지내요?

1. 한국에는 어떤 명절이 있어요? 명절이 언제이고 명절에 어떤 음식을 먹는지 이야기해 보세요.

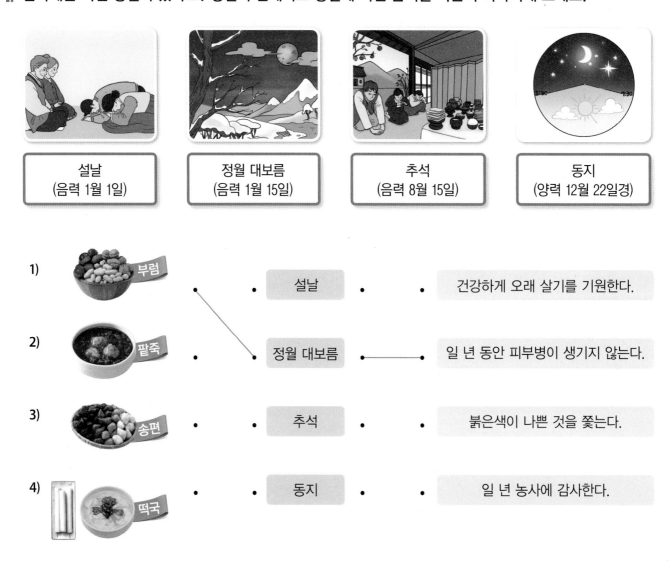

| 설날 (음력 1월 1일) | 정월 대보름 (음력 1월 15일) | 추석 (음력 8월 15일) | 동지 (양력 12월 22일경) |

1) 부럼

2) 팥죽

3) 송편

4) 떡국

설날	건강하게 오래 살기를 기원한다.
정월 대보름	일 년 동안 피부병이 생기지 않는다.
추석	붉은색이 나쁜 것을 쫓는다.
동지	일 년 농사에 감사한다.

2. 설날과 추석에는 어떤 풍습과 놀이가 있어요? 이야기해 보세요.

가족과 친척들이 모여 윷놀이를 하다

연날리기, 제기차기 놀이를 즐기다

보름달을 보며 소원을 빌다

햇곡식과 햇과일로 차례를 지내다

1 동 형 -어도

앞의 행동이나 상태와 관계없이 뒤의 상황이 있음을 나타낸다.

예문

- 가: 비가 오면 이번 행사가 취소됩니까?

  나: 아닙니다. 비가 **와도** 행사는 진행됩니다.

- 나는 시간이 **없어도** 아침밥을 꼭 먹는다.

- 고천 씨는 몸이 아무리 **아파도** 수업 시간에 결석하지 않는다.

-아도	• 작다 → **작아도**
	• 가다 → **가도**
-어도	• 먹다 → **먹어도**
	• 가르치다 → **가르쳐도**
-해도	• 공부하다 → **공부해도**
	• 피곤하다 → **피곤해도**

라민: 선배, 공부 때문에 바쁜데 이번 추석 때 고향에 가요?

정우: 그럼. 아무리 **바빠도** 명절에는 꼭 고향에 가야지.
　　　부모님이 기다리시거든.

1. 그림을 보고 보기 와 같이 친구와 이야기해 보세요.

매일 운동을 해요?

보기

네. 저는 아무리 피곤해도 매일 운동을 해요.

피곤하다

매일 운동을 하다

1)

날씨가 춥다

차가운 커피만 마시다

2)

늦게 자다

6시에 꼭 일어나다

3)

한국어로 말하는 것이 어렵다

평소에 한국어로만 말하다

2. 여러분이 매일 꼭 하는 일에 대해 친구들과 이야기하세요.

힘들어도 꼭 하는 일이 있어요?

저는 퇴근 후에 힘들어도 아이와 놀아 줘요.

2 동-게 되다

외부의 영향으로 어떤 결과가 생기거나, 상황(상태)이 변하는 것을 나타낸다.

마리셀: 두 분은 처음에 어떻게 만나셨어요?
김영욱: 친한 친구 소개로 만나게 됐어요.

예문

• 가: 제이슨 씨, 왜 짐을 싸고 있어요? 이사 가요?
  나: 네. 싸고 좋은 집을 구해서 이사 가게 됐어요.
• 장사가 안 돼서 가게 문을 닫게 되었다.
• 이번에 새로운 회사에 들어가게 되어서 정말 기쁘다.

| -게 되다 | • 먹다 ➡ 먹게 되다 |
| | • 가다 ➡ 가게 되다 |

---

1. 보기 와 같이 친구와 이야기해 보세요.

안젤라 씨는 한국에 와서
달라진 게 있어요?

고향에서는 매운 음식을 못 먹었는데
이제는 매운 음식을 잘 먹게 됐어요.

이름	한국에 오기 전	한국에 온 후
보기 안젤라	매운 음식을 못 먹다	매운 음식을 잘 먹다
1) 잠시드	밤에 일찍 자다	늦게 자다
2) 이링	한국 문화를 잘 모르다	한국 문화를 이해하다
3) 아나이스	한국의 명절 풍습을 모르다	설날과 추석에 대해 잘 알다
4) 제이슨	한국어를 한 마디도 못하다	한국어를 어느 정도 할 수 있다

---

2. 여러분이 한국 생활을 하면서 달라진 점에 대해 이야기해 보세요.

처음에는 한국 역사에 대해 관심이 없었는데
역사 드라마를 보고 관심을 가지게 됐어요.

단어장
풍습

1. 안젤라 씨와 과장님이 명절 풍습에 대해 이야기합니다. 다음 대화처럼 이야기해 보세요.

과장님: 안젤라 씨, 명절 잘 보냈어요?

안젤라: 네. 잘 보냈어요. 과장님도 연휴 동안 잘 지내셨어요?

과장님: 고향 부모님 댁에 다녀왔어요. 아무리 바빠도
　　　　명절에는 부모님을 뵈러 가니까요.
　　　　그런데 안젤라 씨, 설날에 떡국 먹었어요?

안젤라: 아니요. 설날에 떡국을 먹어야 해요?

과장님: 그럼요. 안젤라 씨, 한국에서는 해가 바뀔 때
　　　　나이가 한 살 많아지잖아요. 그런데 한국 사람들은
　　　　설날에 떡국을 먹어야 나이가 한 살 더 많아진다고 생각하거든요.

안젤라: 그래요? 그래서 생일이 안 지났는데 한국 나이로는 한 살이 더 많은 거군요.
　　　　과장님 덕분에 한국 문화를 잘 알게 됐어요.

3-12 EBOOK

1) 부모님을 뵈러 가다 │ 한국 문화를 잘 알게 되다

2) 차례를 지내야 하다 │ 한국 사람들이 나이를 더 올려 말하는 이유를 알게 되다

2. 한국에서는 명절에 어떤 음식을 먹는지, 그 음식에는 어떤 의미가 있는지 이야기해 보세요.

명절	먹는 것	의미
동지	팥죽	팥죽의 붉은색이 나쁜 기운을 쫓는다.
정월 대보름	부럼	부럼을 먹으면 일 년 동안 피부병에 걸리지 않는다.

1. 여러분은 명절에 어디에 갑니까? 다음의 신문 기사 제목을 보고 기사가 어떤 내용일지 이야기해 보세요.

더도 말고 덜도 말고
한가위만 같아라

황금연휴 첫날,
귀성 전쟁 시작돼

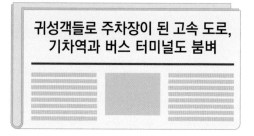

귀성객들로 주차장이 된 고속 도로,
기차역과 버스 터미널도 붐벼

12-L.mp3

2. 뉴스에서 기자가 이야기합니다. 잘 듣고 질문에 답해 보세요.

1) 기자는 어떤 명절에 대해 말하고 있습니까?

_____

2) 고향에서 서울로 올라오는 부모들이 많은 이유는 무엇입니까?

_____

3) 들은 내용과 같으면 ○, 다르면 X 하세요.

❶ 기차표는 예매로만 살 수 있다. ( )

❷ 이번 명절 연휴는 평소보다 짧다. ( )

❸ 내일부터는 기차역에 사람들이 적어질 것이다. ( )

단어장
한가위
황금연휴
귀성 전쟁
귀성객
고속 도로
붐비다

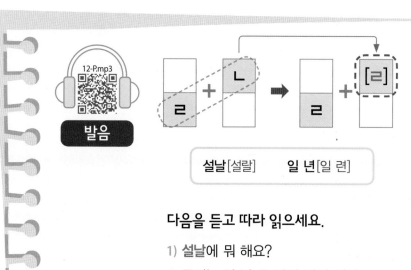

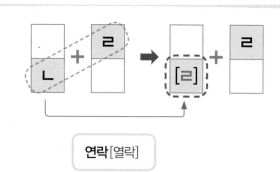

설날[설랄] 일 년[일 련]

연락[열락]

다음을 듣고 따라 읽으세요.

1) **설날**에 뭐 해요?

2) 동지는 **일 년** 중 가장 밤이 길다.

3) 오랜만에 친척들과 **연락**을 했다.

1. 다음은 명절에 보내는 인사말입니다. 설날과 추석에 보통 어떤 인사말을 보내는지 이야기해 보세요.

새해 복 많이 받으십시오. 새해에도 건강하고 평안하시기 바랍니다.

근하신년! 새해에는 뜻한 것 이루시고 가정에 행복이 가득하시길 빕니다.

가족, 친지들과 함께 보름달처럼 넉넉하고 풍성한 한가위 보내십시오.

추석이 다가왔습니다. 감사와 행복이 넘치는 추석 연휴 보내시길 바랍니다.

2. 설날 풍경입니다. 사람들이 무엇을 하고 있는지 이야기해 보세요.

올해에도 건강하게 지내고 공부 열심히 해라!

설빔을 입다

새해 복 많이 받으세요!

덕담을 하다　　세배하다　　세뱃돈을 받다

3. 다음은 한국의 명절에 대한 글입니다. 잘 읽고 질문에 답해 보세요.

한국의 명절

한국의 대표적인 명절에는 설날과 추석이 있다. 설날은 음력 1월 1일이다. 설날에는 아무리 바빠도 가족들이 모두 모여서 새해 인사를 한다. 새해 인사를 할 때 아랫사람이 윗사람에게 세배를 한다. 세배를 받은 윗사람은 아랫사람에게 덕담을 해 주고, 아이들에게는 세뱃돈을 준다. 그리고 함께 떡국을 먹는다. 설날에 떡국을 먹으면 나이도 한 살 더 먹는다고 생각한다. 또한 전통적으로 가족과 친척들이 모여 윷놀이를 하거나 아이들은 연날리기, 제기차기 놀이를 즐기기도 했다.

한국의 또 다른 큰 명절인 추석은 음력 8월 15일로 한가위라고도 한다. 추석에는 조상에게 차례를 지낸다. 그 해에 처음으로 얻은 햇곡식과 햇과일을 준비해서 조상에게 감사하는 마음을 표현하는 것이다. 그리고 추석에는 송편을 빚어서 먹는데 송편을 예쁘게 빚으면 예쁜 아이를 낳는다는 말도 전해지고 있다. 또한 전통적으로 추석 밤에는 보름달을 바라보면서 소원을 빌었다.

그런데 시대가 바뀌면서 현대의 명절 모습은 예전과 많이 달라졌다. 친척이나 아는 사람들을 직접 찾아가는 대신에 명절 인사를 문자 메시지로 보낸다. 그리고 가족들이 함께 여행을 가기도 하고 개인적인 시간을 보내기도 한다. 요즘은 오랜만에 가족이 모인다는 의미와 일상에서 휴식한다는 의미가 더 커지게 되었다.

1) 설날에 대한 설명으로 맞는 것은 무엇입니까?

❶ 아이들은 세배하고 세뱃돈을 받는다.

❷ 아이들은 어른들에게 덕담을 한다.

❸ 떡국은 새로 수확한 쌀로 만든다.

❹ 윷놀이는 아이들만 즐기는 놀이이다.

2) 추석에 대한 설명으로 맞지 <u>않는</u> 것은 무엇입니까?

❶ 한가위라고도 한다.　　　　　　❷ 부모님께 세배를 한다.

❸ 송편을 빚어서 먹는다.　　　　　❹ 달을 보면서 소원을 빈다.

3) 요즘 명절의 모습이 어떻게 바뀌었습니까?

❶ ....

❷ ....

1. 여러분 고향에는 어떤 명절이 있습니까? 한국의 명절과 여러분 고향의 명절은 어떻게 다릅니까?

	한국의 명절	고향의 명절
명절 이름		
날짜		
음식		
그 음식을 먹는 이유		
풍습		

2. 한국의 명절과 고향의 명절을 비교하는 글을 써 보세요.

강릉 단오제

한국의 4대 명절은 설날, 한식, 단오, 추석이다. 그중에서 단오는 음력 5월 5일로 1년 중에서 만물의 기운이 가장 강한 날이다. 그래서 만물에서 나는 것으로 음식을 만들어 먹고 창포물에 머리를 감는 풍습이 있었으며 남자들은 씨름을 하고 여자들은 그네를 탔다.

강릉 단오제는 강릉 지역에서 단오 때 행해 온 축제로 한국의 단오 축제 중에서 가장 유명하다. 규모도 크고 내용도 다양하여 한국을 대표하는 축제이자 민속놀이로 널리 알려져 2005년에 유네스코 세계 무형유산이 되었다. 이에 따라 강릉 단오제는 온 지역 주민들이 하나가 되는 축제이면서 세계가 함께 지켜야 할 문화재로서의 의미를 갖게 되었다.

한국에서는 예로부터 마을 공동체의 신앙을 바탕으로 풍년과 지역의 안전을 기원하였다. 현재 강릉 단오제에서도 매년 풍요를 바라는 제사와 공연을 올리고 참가자들을 위한 여러 행사도 진행하고 있다.

1) 단오의 풍습에는 무엇이 있습니까?
2) 강릉 단오제는 주로 어떤 내용으로 구성됩니까?
3) 여러분 고향에도 한국의 강릉 단오제와 비슷한 지역 축제가 있습니까?

13 직장 생활

- 이 사람들은 직장에서 어떤 일을 하고 있는 것 같아요?
- 여러분은 직장 생활을 할 때 어떤 점이 어려워요?

1. 이 사람은 사무실에서 어떤 일을 해요? 이야기해 보세요.

회의를 하다

업무 지시를 하다 / 받다
업무를 보고하다

서류를 작성하다

결재를 하다 / 받다

2. 이 사람은 작업장에서는 어떤 일을 해요? 이야기해 보세요.

기계를 정비하다 / 작동을 확인하다

공구를 준비하다

재고를 정리하다

자재를 주문하다

작업 일지를 작성하다 / 제출하다

1 동-게 하다

다른 사람에게 어떤 일을 하게 하거나 시킬 때 사용한다.

라흐만: 반장님, 오늘 작업을 다 마무리했는데요.

반장님: 그래요? 그럼 작업 일지 잊지 말고 작성하세요.
그리고 팀원들에게도 작성하게 하세요.

예문

• 가: 이 약을 식후에 아이에게 먹게 하세요.

　나: 네, 선생님. 식후 30분에 먹이면 되죠?

• 아이에게 자기 방을 스스로 정리하게 하세요.

• 출입국·외국인청에서 6개월 이상 거주하는 외국인에게
외국인 등록을 하게 합니다.

-게 하다	• 먹다	→ 먹게 하다
	• 작성하다	→ 작성하게 하다

Tip '하게 하다'는 '시키다'로 바꿔 말할 수 있다.

---

1. 보기와 같이 친구와 이야기해 보세요.

과장님이 무슨 일을
시켰어요?

이링 씨에게 회의를
준비하게 하셨어요.

업무 지시 사항

보기	이링 씨, 3시 회의 / 준비
1)	안젤라 씨, 13일까지 계약서 / 번역
2)	잠시드 씨, 창고의 재고 / 체크
3)	라흐만 씨, 택배 박스 / 창고로 옮기기
4)	김영철 씨, 직원들 작업 일지 / 정리

---

2. 다음에 대해 '-게 하다'를 사용해서 이야기해 보세요.

• 어렸을 때 부모님이 나에게 시켰던 일

• 의사나 약사가 환자 보호자에게 하는 말

• 게임을 많이 하는 아이의 보호자에게 하는 말

단어장

작업
마무리하다
스스로
거주하다
창고

2 동 -어 가다

어떤 행동이나 상태가 계속 변화하거나 진행되고 있음을 나타낸다.

과장님: 회사 생활은 할 만해요?

잠시드: 네. 선배님들이 잘 가르쳐 주셔서 잘 적응해 가고 있어요.

예문

• 가: 안젤라 씨, 서류 번역 아직 멀었어요?

  나: 이제 거의 다 끝나 가요.

• 한국에 온 지 거의 3년이 되어 가요.

• 지금은 한국 사람들의 일하는 방식을 알아 가는 중이에요.

-아 가다	• 오다 → 와 가다
	• 끝나다 → 끝나 가다
-어 가다	• 먹다 → 먹어 가다
	• 만들다 → 만들어 가다
-해 가다	• 적응하다 → 적응해 가다
	• 완성하다 → 완성해 가다

---

1. 그림을 보고 보기 와 같이 신입 사원의 직장 생활에 대해 이야기해 보세요.

보기

입사한 지 얼마 안 되어서 이제 조금씩 직원들의 이름과 얼굴을 외워 가고 있습니다.

직원들의 이름과 얼굴을 외우다

1)

선배에게서 일을 배우다

2)

회사 규칙에 적응하다

3)

업무를 파악하다

---

2. 여러분의 직장 생활이나 한국 생활에 대해 친구들과 이야기해 보세요.

• 직장 생활하기

• 한국 생활하기

처음에는 _____는데 지금은 익숙해져 가고 있어요.

단어장

적응하다

방식

파악하다

---

1. 안젤라 씨와 직장 선배인 드미트리 씨가 직장 생활에 대해 이야기합니다. 다음 대화처럼 이야기해 보세요.

드미트리: 안젤라 씨, 무슨 안 좋은 일 있었어요?

안 젤 라: 얼마 전에 부장님이 저한테 중요한 계약서를 번역하게 하셨거든요. 그런데 어려운 말이 많아서 제대로 하지 못했어요.

드미트리: 그럼 미리 선배나 동료들한테 물어보지 그랬어요?

안 젤 라: 사람들은 제가 잘 적응해 가는 줄 아는데 물어보기가 창피하더라고요. 이럴 때는 어떻게 하는 게 좋을까요?

드미트리: 그럴 때는 내가 한 게 맞는지 주변 사람들에게 계속 물어보는 게 제일 좋아요.

3-13 EBOOK

1) 계약서를 번역하다, 어려운 말이 많아서 제대로 하지 못하다 |
내가 한 게 맞는지 주변 사람들에게 계속 물어보다

2) 자재를 주문하다, 잘못 알아들어서 틀리게 주문하다 |
일을 시작하기 전에 그 일을 시킨 분에게 다시 한번 확인하다

2. 다음과 같은 상황에서 직장 생활에 힘든 일이 있는 사람과 조언하는 사람이 되어 대화해 보세요.

직장 생활이 힘든 사람

• 상사가 여러 명이라서 업무 보고를 누구에게 해야 하는지 모르겠다.

• 일을 끝내라는 날짜가 너무 빠르다.

• 일을 더 잘하는 게 좋은지 빨리 하는게 좋은지 모르겠다.

직장 생활에 대해 조언하는 사람

•

•

•

듣기

1. 여러분은 직장에서 어떤 상황에서 어려움을 느낍니까?

일이 많은데 휴가를 신청해야 할 때 어떻게 해야 해요?

갑자기 몸이 아파서 출근을 할 수 없을 때는 어떻게 해야 해요?

2. 안젤라 씨와 선배가 이야기합니다. 잘 듣고 질문에 답해 보세요.

1) 안젤라 씨는 부장님께 어떤 서류를 냈습니까?

_____

2) 선배는 휴가를 신청하기 전에 어떻게 하면 좋다고 했습니까?

_____

3) 들은 내용과 같으면 ○, 다르면 X 하세요.

❶ 안젤라 씨는 선배에게 휴가 신청서를 냈다.　　　　　(　　)

❷ 휴가를 가고 싶으면 동료와 먼저 상의해야 한다.　　(　　)

❸ 안젤라 씨는 직장 생활에 익숙해져서 실수를 하지 않는다.　(　　)

> **단어장**
> 허락을 받다
> 상의하다
> 반반씩

발음

13-P.mp3

ㄴ 첨가

> 안 좋은 일[안 조은 닐]
> 급한 일[그판 닐]
> 집안일[지반닐]

다음을 듣고 따라 읽으세요.

1) 무슨 안 좋은 일 있어요?

2) 저는 급한 일이 있어서 먼저 가야 할 것 같아요.

3) 집안일은 반반씩 나누어서 하고 있습니다.

1. 다음 모집 공고는 어떤 직종과 관련이 있는 것 같습니까?

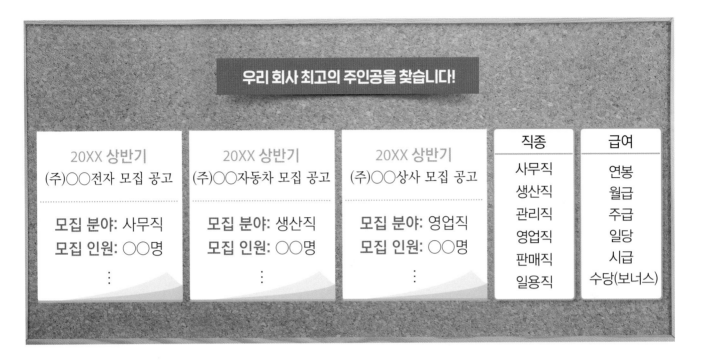

2. 직장인들은 언제 가장 힘들다고 느낄까요? 그리고 힘들 때 어떤 방법으로 스트레스를 해소할까요?

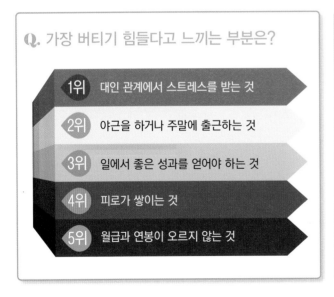

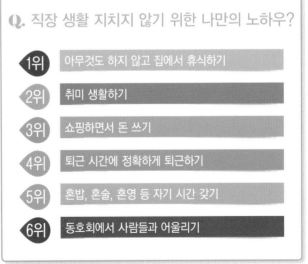

3. 다음은 직장 생활에 대한 글입니다. 잘 읽고 질문에 답해 보세요.

샐러리맨, 직장 생활의 어려움 이렇게 이겨 낸다

    잡코리아가 직장인 1,049명을 대상으로 직장에서 가장 힘든 일과 힘든 일을 어떻게 이겨 내는지 설문 조사를 실시했다. 첫 번째는 직장 생활을 하면서 언제 힘든지 물어봤다. 가장 많은 대답은 직장인들은 대인 관계 때문에 스트레스를 받아서 힘들다는 것이었다. 직장에서는 성격이 다른 다양한 사람과 같이 일해야 하고 사장님, 부장님, 차장님, 대리님 등의 상사와의 상하 관계도 어렵다고 한다. 다음으로 야근을 하거나 주말에 출근을 해야 할 때 힘들다고 한다. 야근이나 주말 근무를 하면 수당을 받기는 하지만 쉬지 못해 피로가 쌓이기 때문에 힘들다고 한다. 그리고 자기가 하는 일에서 좋은 성과를 얻어야 하는 부담감도 직장인들을 힘들게 하는 이유 중의 하나라고 한다.

    다음으로 직장 생활을 하면서 어려움을 극복해 가기 위해 무엇을 하는지 물어봤다. 많은 사람들이 시간이 있으면 아무것도 하지 않고 휴식을 하면서 스트레스를 푸는 것이 최고의 방법이라고 했다. 그리고 자신이 좋아하는 일을 하거나 취미 생활을 하면서 재충전을 한다고 했다. 또한 힘들게 일을 해서 번 돈으로 자신이 좋아하는 것을 사는 것도 기분이 좋아지는 일이라고 했다.

1) 이 설문 조사의 질문으로 맞는 것은 무엇입니까?

❶ 직장 생활 중에 언제 피로가 쌓입니까?

❷ 직장 생활이 힘들 때 이직을 생각한 적이 있습니까?

❸ 직장 생활이 힘들 때 이겨 내기 위해 무엇을 합니까?

❹ 직장 생활이 힘들 때 가장 힘이 되는 사람은 누구입니까?

단어장
이겨 내다
상사
상하 관계
재충전하다

2) 직장인들이 직장 생활에서 가장 힘든 것은 무엇입니까?

_____

3) 윗글의 내용과 같으면 ○, 다르면 X 하세요.

❶ 직장인들은 대인 관계보다 업무 성과 때문에 더 힘들어한다.   (   )

❷ 돈을 받지 못하기 때문에 야근을 하는 것이 힘들다고 한다.   (   )

❸ 취미 생활을 하면서 직장에서 받은 스트레스를 푸는 사람도 있다.   (   )

1. 여러분은 직장 생활을 잘 하려면 어떻게 하는 것이 좋다고 생각합니까? 1~4위까지 순위를 정하고
이유를 메모해 보세요.

	순위	이유
출근 시간 같은 작은 규칙을 잘 지켜야 한다.		
업무 내용을 정확하게 파악해야 한다.		
하는 일에 책임감이 있어야 한다.		
대인 관계가 원만해야 한다.		

2. 위의 메모 내용으로 직장 생활 잘 하는 방법을 써 보세요.

단어장
책임감
원만하다

워라밸 (work-life balance)

얼마 전까지만 해도 한국 사람들은 사회에서 인정을 받고 직장에서 승진하고 높은 연봉을 받는 것이 성공이라고 생각했다. 그러나 최근에는 그런 사회적 성공보다 개인의 행복이 더 중요하다는 생각을 하는 사람이 많아지고 있다.

이에 따라 일과 개인 생활의 균형을 의미하는 '워라밸(work-life balance)'이라는 말이 생겨났다. 그리고 직장인들이 야근보다는 정시에 퇴근해서 '저녁이 있는 삶'을 살기를 원하면서 정부도 근로자의 주당 근로 시간을 최대 52시간으로 줄이게 되었다. 이런 워라밸을 중시하는 문화는 젊은 대학생과 직장인들 사이에서 먼저 시작되었는데 그들이 생각하는 행복은 기존의 행복 개념과는 다른 것이다. 따라서 그들은 큰 성공보다는 작지만 확실한 행복이 인생에서 더 중요하다는 뜻의 '소확행'이라는 말도 만들어 냈다.

1) 최근 사람들은 무엇을 더 중요하게 생각합니까?
2) '워라밸'과 '소확행'이라는 말의 의미가 무엇입니까?
3) 여러분은 인생에서 '성공'과 '휴식' 중에서 무엇이 더 중요하다고 생각하는지 이야기해 보세요.

☐ 업무	☐ 사무직
☐ 지시	☐ 생산직
☐ 작성하다	☐ 관리직
☐ 결재	☐ 영업직
☐ 정비하다	☐ 판매직
☐ 작동	☐ 일용직
☐ 공구	☐ 급여
☐ 재고	☐ 연봉
☐ 자재	☐ 주급
☐ 제출하다	☐ 일당
☐ 작업	☐ 시급
☐ 마무리하다	☐ 수당(보너스)
☐ 스스로	☐ 해소하다
☐ 거주하다	☐ 성과
☐ 창고	☐ 피로
☐ 적응하다	☐ 정확하다
☐ 방식	☐ 이겨 내다
☐ 파악하다	☐ 상사
☐ 허락을 받다	☐ 상하 관계
☐ 상의하다	☐ 재충전하다
☐ 반반씩	☐ 책임감
☐ 모집 공고	☐ 원만하다
☐ 직종	

14 인터넷과 스마트폰

어휘: 인터넷과 스마트폰

문법: 동 형 -잖아요

　　　동 형 -어야

활동: 스마트폰 활용법 말하기

　　　인터넷과 스마트폰의 활용법 쓰기

문화와 정보: 휴대폰 개통 방법

받는 사람: gqum30@naver.com

제목: 구매하신 물품 내역을 확인해 주세요.

안녕하세요?

온라인 쇼핑몰 <행복마트>입니다.

고객님께서 구매하신 물품에 대한 리스트를 확인해 주시기 바랍니다.

감사합니다.

보내기

- 이 사람은 인터넷과 스마트폰으로 무엇을 해요?
- 여러분은 인터넷과 스마트폰으로 무엇을 해요?

1. 여러분은 인터넷과 스마트폰으로 무엇을 해요?

정보를 검색하다

인터넷 뱅킹을 하다

인터넷 쇼핑을 하다

이메일을 보내다

인터넷 강의를 듣다

영화를 감상하다

에스엔에스(SNS)를 하다

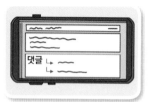
댓글을 남기다

유튜브(Youtube)를 보다

사진/동영상을 촬영하다

영상 통화를 하다

문자를 보내다

어휘 뜻을 찾다

게임을 하다

앱(App)을 설치하다

저는 보통 인터넷으로 정보를 검색해요.

저는 스마트폰으로 사진을 촬영하거나 게임을 해요.

1 동형 -잖아요

듣는 사람도 알고 있다고 생각하는 일에 대해서 이야기하거나 어떤 사실을 확인할 때 사용한다.

박민수: 인터넷으로 구두를 주문해 볼까요?

후   엔: 매장에서 직접 신어 보고 사는 게 어때요?
       인터넷으로 사면 사이즈가 잘 맞는지 모르잖아요.

예문

- 가: 와, 사진이 정말 잘 나왔네요.
  나: 최신 스마트폰으로 찍었잖아요.

- 가: 고향에 계신 부모님이 너무 보고 싶어요.
  나: 영상 통화가 있잖아요. 영상 통화로 부모님께 자주
      연락드리세요.

-잖아요	
• 보다	→ **보잖아요**
• 알다	→ **알잖아요**
• 비싸다	→ **비싸잖아요**
• 춥다	→ **춥잖아요**

1. 그림을 보고 보기와 같이 친구와 이야기해 보세요.

이번 시험도 아나이스 씨가 1등을 했네요!

보기

아나이스 씨는 항상 열심히 공부하잖아요.

아나이스   항상 열심히 공부하다

1)
김밥을 자주 먹네요.

김밥   바쁠 때 간편하게 먹을 수 있다

2)
왜 버스를 안 타요?

걸어서 가다   건강에 좋다

3)
드미트리 씨는 오늘 출근을 안 했어요?

드미트리   출장을 갔다

2. 서로 함께 알고 있는 사실이나 의견에 대해 친구들과 이야기해 보세요.

- 유튜브(Youtube)를 많이 보는 이유
- 케이팝(K-pop)이 세계적으로 인기 있는 이유
- 인터넷으로 쇼핑을 하는 이유

유튜브로 뭐든지 쉽게 배울 수 있잖아요.

단어장

최신
간편하다
세계적
출장을 가다

2 동형 -어야

앞에 오는 내용이 뒤 내용의 필수 조건이 될 때 사용한다.

제이슨: 이 홈페이지에 회원 가입이 잘 안 되네요.
안젤라: 휴대 전화로 본인 확인을 **해야** 가입이 돼요.

예문
- 가: 중학생은 혼자 스마트폰을 개통할 수 없어요?
  나: 네, 보호자가 **있어야** 가능해요.
- 여권이 **있어야** 비행기를 탈 수 있다.
- 빵은 **부드러워야** 맛있다.

-아야	• 자다	→ **자야**
	• 찾다	→ **찾아야**
-어야	• 먹다	→ **먹어야**
	★ 차갑다	→ **차가워야**
-해야	• 가입하다	→ **가입해야**
	• 건강하다	→ **건강해야**

---

1. 보기 와 같이 친구와 이야기해 보세요.

> 조금 후에 출발하면 약속 시간에 늦어요?

> 네, 지금 출발해야 늦지 않아요.

보기	조금 후에 출발하다	약속 시간에 늦다	지금 출발하다	늦지 않다
1)	휴대폰이 없다	불편하다	휴대폰이 있다	친구들과 연락하다
2)	국이 차갑다	맛없다	국이 따뜻하다	맛있다
3)	한국에서 취직하고 싶다	어떻게 하다	한국어가 유창하다	취직할 수 있다
4)	인터넷에 접속하고 싶다	어떻게 하다	와이파이 비밀번호를 입력하다	접속하다

---

2. 어떤 일을 할 때 꼭 필요한 방법에 대해 친구와 이야기해 보세요.

- 처음 가는 장소를 빨리 찾는 방법
- 사진을 잘 찍는 방법
- 한국어를 잘하는 방법

> 길찾기 앱을 설치해야 처음 가는 장소를 빨리 찾을 수 있어요.

단어장

홈페이지
회원 가입을 하다/
회원으로 가입하다
본인 확인
개통하다
접속하다

1. 아나이스 씨와 라민 씨가 스마트폰을 활용한 공부 방법을 이야기합니다. 다음 대화처럼 이야기해 보세요.

아나이스: 라민 씨, 한국어를 재미있게 공부하는 방법이
　　　　 있어요?

라　　민: 요즘은 누구나 스마트폰을 가지고 있잖아요.
　　　　 스마트폰으로 한번 공부해 보세요.

아나이스: 그래요? 어떻게요?

라　　민: 저는 한국어 어휘 앱을 설치해 놓고 심심할 때마다
　　　　 공부해요. 그걸로 해 보니까 아주 재미있어요.

아나이스: 와! 좋은 방법이에요. 꼭 책을 봐야 공부할 수
　　　　 있는 게 아니네요.

라　　민: 맞아요. 아나이스 씨도 필요하면 무슨 앱인지
　　　　 알려 줄게요.

아나이스: 고마워요. 앱 이름 좀 알려 주세요. 저도 바로
　　　　 해 볼게요.

3-14 EBOOK

1) 스마트폰을 가지고 있다 ｜ 책을 보다, 공부할 수 있다

2) 스마트폰이 있다 ｜ 수업을 듣다, 한국어를 배우다

2. 스마트폰 활용 방법에 대해 대화해 보세요. 그리고 여러분의 이야기를 해 보세요.

스마트폰 활용 방법	스마트폰 활용 방법 답하기
• 사진을 잘 찍는 방법	• 뷰티 앱
• 길을 잘 찾는 방법	• 길찾기 앱
• 건강 관리 하는 방법	• 만보기 앱

1. 여러분은 유튜브를 자주 봅니까? 어떤 내용을 봅니까?

어떤 영상을 좋아해요?

그 영상은 어떤 내용이에요?

추천하고 싶은 영상이 있어요?

2. 후엔 씨와 라흐만 씨가 이야기합니다. 잘 듣고 질문에 답해 보세요.

14-L.mp3

1) 후엔과 라흐만은 무엇에 대한 이야기를 합니까?

❶ 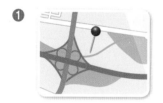   ❷    ❸

미미의 홈트레이닝
mimi
조회수 72만 회

오키의 한국의 맛
OKI
조회수 133만 회

2) 들은 내용과 같으면 ○, 다르면 X 하세요.

❶ 라흐만은 유튜브를 보면서 운동을 배운다.　　(　　)

❷ 후엔은 유튜브 개인 채널을 가지고 있다.　　(　　)

❸ 후엔은 한국 요리에 대한 영상을 자주 본다.　　(　　)

단어장

영상
추천하다

14-P.mp3

발음

받침 ㅎ ＋ 모음 ➡ ㈇

어렵잖아요[어렵짜나요]
괜찮아요[괜차나요]
좋아하는[조아하는]

다음을 듣고 따라 읽으세요.

1) 요리는 혼자 배우기 **어렵잖아요.**

2) 한국어 어휘 공부 앱이 아주 **괜찮아요.**

3) 이것은 제가 **좋아하는** 인터넷 게임이에요.

1. 뉴스에서 인터넷과 스마트폰의 긍정적인 영향에 대해 이야기하고 있습니다. 각각 어떤 내용인지 이야기해 보세요.

2. 스마트폰과 인터넷을 너무 많이 사용해서 발생하는 부정적인 영향에는 무엇이 있습니까? 알맞은 것끼리 연결해 보세요.

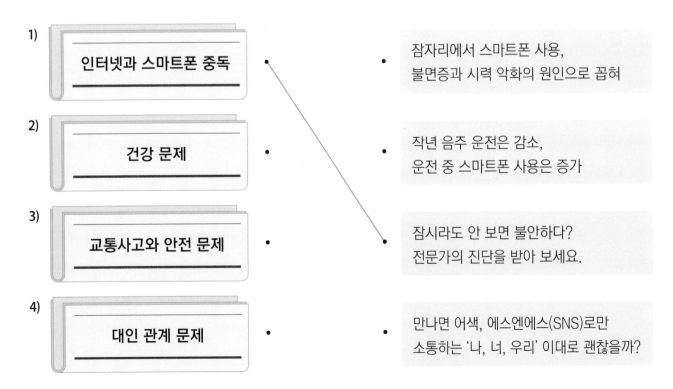

3. 다음은 스마트폰 사용에 대한 글입니다. 잘 읽고 질문에 답해 보세요.

스마트폰이 없는 일상을 상상하기 어려운 시대가 되었다. 과거와 달리 우리는 스마트폰 덕분에 많은 일을 쉽고 신속하게 해결할 수 있게 되었다. 반면, 스마트폰 의존도가 높아지면서 인간관계나 우리의 삶에도 많은 변화를 가져왔다.

먼저, 스마트폰 사용이 주는 편리함부터 살펴보자. 스마트폰이라는 작은 기기 하나만 있으면 사진 촬영, 녹음, 동영상 촬영에서 음악 감상까지 모든 것이 가능하다. 또 스마트폰으로 우리는 전 세계 어디에 있는 사람과도 수시로 이메일을 주고받거나 영상 통화를 한다. 무엇보다도 스마트폰으로 우리는 필요한 정보와 최신의 데이터를 쉽게 발견하고 활용한다. 쇼핑, 게임, 인터넷 뱅킹도 보편화되었다.

한편, 스마트폰의 편리함이 인간관계나 우리의 삶에 미친 영향도 크다. 사람과 사람이 직접 만나기보다는 에스엔에스(SNS)로 연락을 주고받는 일이 많아졌다. 대화가 줄어들고 소통이 단절되는 일도 생겼다. 또 스마트폰에 대한 의존도가 높아지면서 개인 정보 유출, 사생활 노출, 스마트폰 중독 등의 사회 문제가 심각해졌다.

과유불급(過猶不及)이라는 말이 있다. 어떤 일의 정도가 지나친 것은 모자란 것보다 좋지 않다는 뜻이다. 스마트폰에 의존하지 않고 스마트폰을 잘 사용하는 지혜가 필요하다.

1) 이 글은 무엇에 대한 글입니까?

❶ 스마트폰 의존도

❷ 스마트폰의 장점과 단점

❸ 스마트폰의 편리함

2) 윗글의 내용과 같으면 ○, 다르면 X 하세요.

❶ 스마트폰 사용과 사회 문제는 별로 관계가 없다. ( )

❷ 스마트폰이 있어도 많은 사람들은 직접 만나서 일을 해결한다. ( )

❸ '과유불급'은 어떤 일의 정도가 적당하다는 뜻이다. ( )

단어장

신속하다
해결하다
의존도
수시로
데이터
보편화
소통이 단절되다
개인 정보 유출
사생활 노출
과유불급
지혜
활용하다

1. 여러분은 인터넷과 스마트폰으로 무엇을 합니까? 인터넷과 스마트폰을 잘못 활용할 때의 문제점은 무엇입니까? 인터넷과 스마트폰을 잘 활용하기 위한 방법은 무엇입니까? 간단히 메모해 보세요.

인터넷/스마트폰으로 하는 일	
인터넷/스마트폰을 잘못 활용했을 때의 문제점	
인터넷/스마트폰을 적절하게 활용하는 방법	

2. 위 메모를 바탕으로 '인터넷과 스마트폰의 현명한 활용 방법'에 대해 글을 써 보세요.

휴대폰 개통 방법

휴대폰을 개통하기 위해 꼭 알아 두어야 할 세 가지를 살펴보자. 먼저 한국의 대표적인 통신사 이름을 기억하는 것이 좋다. 현재 한국에는 세 곳의 이동 통신사가 있는데 SKT, KT, LG U+가 그것이다. 따라서 휴대폰을 개통하려면 이 세 곳의 통신사 대리점에 가야 한다. 휴대폰을 개통하러 갈 때는 신분증(여권, 외국인 등록증)을 반드시 가져가야 한다. 유심(USIM) 카드가 있다면 챙겨 가는 것이 좋다. 단, 외국인 등록을 하기 전에는 본인 이름으로 휴대폰을 개통하는 것이 불가능하다는 것을 알아야 한다.

마지막으로, 자신에게 맞는 요금제를 선택하는 것이 중요하다. 요금제는 데이터, 문자 메시지, 통화 시간 등에 따라 매우 다양하다. 만약 데이터 사용량이 많고 업무상 휴대폰을 많이 쓴다면 '무제한 요금제'를 선택하는 것이 유리하다. 무제한 요금제는 사용한 데이터나 음성 통화의 양과 관계없이 매달 같은 요금을 내기 때문이다.

1) 휴대폰을 개통할 때 무엇이 필요합니까?
2) '무제한 요금제'란 무엇입니까?
3) 여러분은 한국에서 휴대폰을 개통할 때 어떤 어려움을 느꼈습니까?

☐ 정보를 검색하다	☐ 영상
☐ 인터넷 뱅킹을 하다	☐ 추천하다
☐ 인터넷 쇼핑을 하다	☐ 긍정적
☐ 이메일을 보내다	☐ 고립감
☐ 인터넷 강의를 듣다	☐ 대중화
☐ 영화를 감상하다	☐ 부정적
☐ 에스엔에스(SNS)를 하다	☐ 인터넷 중독
☐ 댓글을 남기다	☐ 불면증
☐ 유튜브(Youtube)를 보다	☐ 시력 악화
☐ 사진/동영상을 촬영하다	☐ 음주 운전
☐ 영상 통화를 하다	☐ 어색하다
☐ 문자를 보내다	☐ 소통하다
☐ 어휘 뜻을 찾다	☐ 신속하다
☐ 게임을 하다	☐ 해결하다
☐ 앱(App)을 설치하다	☐ 의존도
☐ 최신	☐ 수시로
☐ 간편하다	☐ 데이터
☐ 세계적	☐ 보편화
☐ 출장을 가다	☐ 소통이 단절되다
☐ 홈페이지	☐ 개인 정보 유출
☐ 회원 가입을 하다/ 회원으로 가입하다	☐ 사생활 노출
☐ 본인 확인	☐ 과유불급
☐ 개통하다	☐ 지혜
☐ 접속하다	☐ 활용하다

15 고민과 상담

어휘: 인간관계, 갈등

문법: 통-으려던 참이다

　　　통-자마자

활동: 고민에 대한 조언 구하기

　　　상담 신청서 쓰기

문화와 정보: 이민자 상담 센터

- 이 사람은 무슨 문제가 있어요?
- 여러분은 힘들 때 누구와 이야기해요?

1. 여러분은 요즘 고민이 있어요? 어떤 고민인지 이야기해 보세요.

한국 생활 문제
- 국적 취득이 힘들다.
- 한국어 실력이 제자리걸음이다.

인간관계 문제
- 주변 사람들과 가까워지기 어렵다.
- 동료들과 성격이 안 맞는다.

육아 문제
- 직장과 육아를 병행하기 힘들다.
- 학부모 모임에 참여하기 두렵다.

집안 문제
- 고부간의 갈등이 있다.
- 부부 싸움을 자주 한다.

건강 문제
- 이유 없이 자주 우울하다.
- 만성 피로와 불면증이 있다.

진로·취업 문제
- 진로가 불투명하다.
- 퇴직과 이직을 되풀이하고 있다.

경제 문제
- 수입이 일정하지 않다
- 재테크 및 돈 관리가 어렵다.

2. 여러분은 고민이 있을 때 어떻게 해요?

고민
- 머리가 복잡하다
- 신경이 쓰이다
- 속이 타다
- 골치가 아프다
- 눈앞이 캄캄하다
- 발 뻗고 못 자다

상담
- 고민을 털어놓다
- 고민을 나누다
- 조언을 구하다
- 상담을 받다

고민 해결
- 고민을 덜다
- 고민을 해결하다
- 고민을 털어버리다

1 동-으려던 참이다

말하는 사람이 가까운 미래에 어떤 일을 하려는 생각을 갖고 있었음을 나타낸다.

선생님: 이링 씨, 그 문제는 어떻게 됐어요?

이 링: 아, 안 그래도 잘 해결됐다고 문자를 드리려던
       참이었어요.

예문

• 가: 점심 안 드실래요? 저는 지금 먹으려고요.

• 나: 같이 먹어요. 저도 마침 점심 먹으려던 참이었는데
       잘됐네요.

• 지금 출발하려던 참이었습니다.

• 친구에게 사과를 하려던 참이었는데 친구가 먼저
  미안하다고 했어요.

-으려던 참이다	• 먹다 → 먹으려던 참이다 • 앉다 → 앉으려던 참이다
-려던 참이다	• 출발하다 → 출발하려던 참이다 • 드리다 → 드리려던 참이다 • 열다 → 열려던 참이다

1. 보기와 같이 친구와 이야기해 보세요.

보기

> 화해하고 싶으면 먼저
> 사과하세요.

사과하다

> 네, 그렇지 않아도
> 사과하려던 참이었어요.

1)
> 너무 힘들면 다른 사람에게
> 도움을 청해 보세요.

다른 사람에게 도움을 청하다

2)
> 그런 문제는 상담을 한번
> 받아 보면 어때요?

상담을 받다

3)
> 건강을 위해서는 운동을
> 꼭 해야 돼요.

건강을 위해서 운동하다

4)
> 늦지 않으려면 지금
> 출발하는 게 좋을 거예요.

지금 출발하다

2. 친한 사람과 텔레파시가 통한 것이 있어요? '-으려던 참이다'를 이용해서 이야기해 보세요.

> 지갑을 사려던 참이었는데
> 친구가 지갑을 선물해 줬어요.

2 동-자마자

앞의 동작이 이루어지고 난 후에 잇따라 뒤의 사건이나 동작이 일어남을 나타낸다.

아나이스: 제이슨 씨는 단어 잘 외워져요? 저는 너무 안
　　　　　외워져요.

제 이 슨 : 저도 그래요. 외우자마자 잊어버려요.

예문

• 가: 졸업하면 뭐 할 거예요?

　나: 네, 졸업하자마자 일단 귀국해야 할 것 같아요.

• 요즘 너무 피곤해서 집에 돌아가자마자 씻지도 못하고
　자요.

• 전화로 어머니의 목소리를 듣자마자 눈물이 났어요.

-자마자	• 눕다 → 눕자마자
	• 외우다 → 외우자마자

---

1. 보기 와 같이 친구와 이야기해 보세요.

> 월급을 받으면 뭐 해요?

> 월급을 받자마자 부모님께 송금부터 해요.

보기	월급을 받으면 뭐 해요?	부모님께 송금부터 하다
1)	집에 돌아가면 뭐 해요?	텔레비전부터 켜다
2)	도착하면 연락하세요.	전화하다
3)	택배를 받으면 전달을 부탁드려요.	사장님께 전해 드리다
4)	시험이 끝나면 뭐 하고 싶어요?	여행을 다녀오다

---

2. 여러분은 집에 가면 무엇을 해요? '-자마자'를 이용해서 이야기해 보세요.

> 저는 집에 가자마자 강아지를 데리고 산책해요.

1. 고민이 있는 아나이스 씨가 선배에게 조언을 구합니다. 다음 대화처럼 이야기해 보세요.

아나이스: 선배, 잠깐 얘기 좀 할 수 있어요?

선　　배: 어, 안 그래도 커피 한잔하려던 참이었어. 왜? 무슨 일 있어?

아나이스: 아니, 저 요즘 한국어 실력이 통 늘지 않는 거 같아서요. 단어장도 많은데 외우자마자 금방 잊어버려요. 어떡하죠?

선　　배: 공부를 해도 실력이 안 늘어서 고민이구나.

아나이스: 네, 맞아요. 계속 제자리걸음을 하는 거 같아요.

선　　배: 내 생각에는 무엇보다 꾸준히 하는 게 제일 중요한 것 같아. 매일 예습하고 수업 후에 바로 복습하고.

아나이스: 선배, 좋은 말씀 고마워요. 선배 말씀대로 한번 해 볼게요.

3-15 EBOOK

1) 단어장도 많은데 외우자마자 금방 잊어버리다 ｜ 매일 예습하고 수업 후에 바로 복습하다

2) 하고 싶은 말이 있어도 자신이 없어서 말을 못 하다 ｜ 매일 있었던 일을 일기로 써 보는 것도 좋다

2. 아래 상황에 맞게 조언을 해 보세요.

고민	조언
• 한국어 실력이 늘지 않는다. • 잠이 잘 안 온다.	• •

1. 여러분은 취업 상담실에 가 본 적이 있습니까? 취업 상담실 선생님은 무슨 질문을 할까요?

어떤 일을 하고 싶으세요?

자격증이나 운전면허증 있으세요?

급여는 얼마나 받고 싶으세요?

2. 잠시드 씨와 상담사의 대화입니다. 잘 듣고 질문에 답해 보세요.

15-L.mp3

1) 잠시드 씨는 지금 무슨 일을 합니까?

_____

2) 잠시드 씨는 왜 이직을 하고 싶어 합니까?

_____

3) 들은 내용과 같으면 ○, 다르면 X 하세요.

❶ 잠시드 씨는 급여를 일당으로 받고 싶어 한다.   (   )

❷ 잠시드 씨는 고등학교 졸업 후에 바로 한국에 왔다.   (   )

❸ 잠시드 씨는 운전면허증이 있다.   (   )

단어장

급여

일당

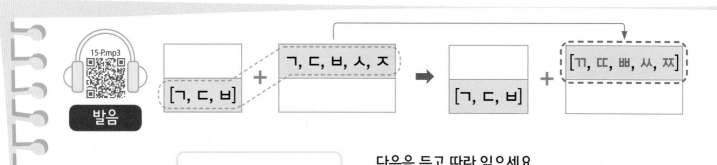

15-P.mp3

발음

[ㄱ, ㄷ, ㅂ] + ㄱ, ㄷ, ㅂ, ㅅ, ㅈ ➡ [ㄱ, ㄷ, ㅂ] + [ㄲ, ㄸ, ㅃ, ㅆ, ㅉ]

옆집[엽찝]

듣자마자[듣짜마자]

먹자마자[먹짜마자]

다음을 듣고 따라 읽으세요.

1) 주차 문제로 옆집 사람들과 사이가 멀어졌다.

2) 조언을 듣자마자 바로 실천했다.

3) 설거지는 미루지 말고 밥을 먹자마자 해야 돼요.

1. 다음 건강 문제에 대해서 이야기해 보세요.

우울증

불면증

고혈압

당뇨

2. 다음의 우울증 체크 리스트를 보고 표시해 보세요.

지난 2주 동안에	전혀 없음	며칠 동안	1주일 이상	거의 매일
1. 매사에 흥미나 즐거움이 거의 없다.				
2. 기분이 가라앉거나 우울하거나 희망이 없다고 느낀다.				
3. 잠들기 어렵거나 자주 깬다. 혹은 잠을 너무 많이 잔다.				
4. 피곤하다고 느끼거나 기운이 거의 없다.				
5. 식욕이 줄었다. 혹은 너무 많이 먹는다.				
6. 내 자신이 실패자로 여겨지거나 자신과 가족을 실망시켰다고 느낀다.				
7. 신문을 읽거나 TV를 보는 것과 같은 일상적인 일에 집중하기 어렵다.				
8. 평소보다 말과 행동이 느리다. 혹은 너무 불안해서 가만히 앉아 있을 수 없다.				
9. 죽고 싶다는 생각을 한다.				

3. 다음은 신문 기사입니다. 잘 읽고 질문에 답해 보세요.

○○신문 | 20XX년 4월 28일

마음의 감기, 우울증 자가 진단과 극복 방법

우리는 살면서 어떤 상황이나 사건으로 인해 일시적으로 기분이 우울해지는 것을 경험한다. 그러나 쉽게 회복하지 못하고 2주 이상 우울한 기분이 계속된다면 우울증이 아닌지 의심해 볼 수 있다.

우울증은 마음의 감기라고도 하는데 실제로 열 명 중 한 명은 우울증에 걸린다고 보고될 정도로 흔한 병이다. 한국건강증진개발원은 우울증 자가 진단법을 소개하고 "우울증은 다른 모든 질병과 마찬가지로 빨리 발견하여 치료하는 것이 중요하다."라고 덧붙였다.

우울증은 조기 진단과 치료가 중요하기 때문에 증상이 의심되면 빨리 병원을 찾거나 지역 정신 보건 기관에서 상담을 받아 보는 것이 좋다. '정신건강위기상담전화'(1577-0199)를 통해 전화 상담을 받을 수도 있다.

세계보건기구(WHO)는 우울하다고 느낄 때 ▲믿을 수 있는 사람과 자신의 감정을 이야기하기 ▲술·담배 피하기 ▲짧은 산책이라도 규칙적으로 운동하기 ▲가족·친구와 관계 및 연락 유지하기 등을 극복 방법으로 권하고 있다.

1) 윗글의 중심 생각은 무엇입니까?

❶ 누구나 우울증에 걸릴 수 있다.

❷ 우울증은 노력하면 쉽게 극복할 수 있다.

❸ 우울증은 빨리 발견하여 치료하는 것이 중요하다.

❹ 자가 진단법을 통해 우울증을 정확하게 진단할 수 있다.

단어장

일시적
의심하다
보고되다

2) 윗글의 내용과 같으면 ○, 다르면 X 하세요.

❶ 기분이 우울한 것을 모두 우울증이라고 한다.   (   )

❷ 살면서 90%의 사람이 우울증을 경험한다.   (   )

❸ 우울할 때는 사람들과 자주 만나거나 연락하는 것이 좋다.   (   )

1. 요즘 여러분의 고민은 무엇입니까?

> • 무엇에 대한 고민입니까?

> • 어떤 문제가 있습니까?

> • 그 고민을 해결하기 위해 어떤 노력을 해 봤습니까?

2. 다음은 고민 상담 신청서입니다. 신청서를 작성해 보세요.

고민 상담 신청서

신청 일자	20 년 월 일		
성명		성별	☐ 남 ☐ 여
이메일		전화번호	
국적		상담 언어	
주소			
고민 유형			
☐ 인간관계 문제	☐ 취업 문제	☐ 진로 문제	☐ 집안 문제
☐ 건강 문제	☐ 경제적 문제	☐ 육아/자녀 교육 문제	☐ 기타( )
고민 상담 내용			

이민자 상담 센터

한국에 이민자가 증가하면서 이민자들의 문제를 해결해 주거나 상담해 주는 기관도 늘고 있다. 이민자를 위한 상담 기관은 한국에 살면서 겪는 어려움을 상담해 주거나 구체적인 해결 방안을 마련해 준다.

이민자를 대상으로 한 상담 센터는 지역별로 여러 곳이 있지만 대표적인 예로 '외국인노동자지원센터'가 있다. '외국인노동자지원센터'에서는 한국에 거주하고 있는 외국인 노동자들의 문제를 그들의 모국어로 상담해 준다. 또한 서울에는 '서울글로벌센터'에서 이민자들을 위한 다양한 서비스를 제공하고 있는데, 상담도 그중의 하나이다. 특히 생활과 관련된 문제를 상담해 주거나 취업 관련 상담도 운영하고 있다. 이외에도 각 지방 자치 단체에 설치되어 있는 '다문화가족지원센터'에서는 결혼 이민자를 대상으로 가족 상담을 진행하고 있다.

1) 외국인 노동자들을 대상으로 한 상담 센터는 무엇입니까?
2) 결혼 이민자 가족을 대상으로 한 상담은 어디에서 받을 수 있습니까?
3) 여러분 주변에 이민자를 대상으로 한 상담 센터로 무엇이 있습니까?

배운 어휘 확인

☐ 인간관계	☐ 눈앞이 캄캄하다
☐ 성격이 안 맞다	☐ 발을 못 뻗고 자다
☐ 국적 취득	☐ 고민을 털어놓다
☐ 제자리걸음	☐ 고민을 나누다
☐ 병행하다	☐ 조언을 구하다
☐ 두렵다	☐ 상담을 받다
☐ 고부간	☐ 고민을 덜다
☐ 불투명하다	☐ 고민을 해결하다
☐ 되풀이하다	☐ 고민을 털어버리다
☐ 만성 피로	☐ 급여
☐ 불면증	☐ 일당
☐ 일정하다	☐ 우울증
☐ 재테크	☐ 고혈압
☐ 머리가 복잡하다	☐ 당뇨
☐ 신경이 쓰이다	☐ 일시적
☐ 속이 타다	☐ 의심하다
☐ 골치가 아프다	☐ 보고되다

16 기후와 날씨

어휘: 날씨, 날씨에 따른 몸의 변화

문법: 동 형 -을 텐데

　　　동 -어 있다

활동: 날씨에 맞게 계획 변경하기

　　　날씨 관련 정보 제공하기

문화와 정보: 한국의 절기

중 구
미세 먼지(PM 10) 심각
177㎍/㎥(기준 100 이하)
서울특별시

• 지금 날씨가 어때요? 이런 날씨에 사람들은 어떻게 행동해요?
• 여러분의 고향에도 이런 날씨가 있어요?

1. 날씨 앱이에요. 오늘 날씨가 어때요?

8℃ 체감 온도 5℃	

맑음, 어제보다 2℃ 낮아요.

습도 60%	비 올 확률 30%	미세 먼지 보통

최저 기온	최고 기온	오전	오후	18시	21시
-2℃	15℃			4℃	-1℃
일교차가 커요		(오후에) 비가 그쳐요 (오후부터) 날이 개요		(밤에) 기온이 영하로 떨어져요	

2. 사람들은 무엇을 해야 돼요? 왜 그래요?

1)

미세 먼지 주의보, 외출 시 마스크를 쓰세요.

2)

폭염 주의보, 물을 많이 마셔야 해요.

3)

호우 경보, 하천 주변 주민은 대피하세요.

4)

한파 경보, 가능하면 외출을 하지 마세요.

1 동 형 -을 텐데

어떤 내용에 대한 말하는 사람의 추측을 나타낸다.

박민수: 여보, 갔다 올게요.
후 엔: 오후에 비가 올 텐데 우산을 가지고 가세요.

예문

• 가: 이번에 토픽 시험 보지요?
  나: 네. 잘 봐야 할 텐데 걱정이에요.

• 바쁘실 텐데 시간을 내 주셔서 감사합니다.

• 친구가 기다리고 있을 텐데 빨리 가야겠어요.

-을 텐데	• 먹다 → 먹을 텐데 • 많다 → 많을 텐데
-ㄹ 텐데	• 오다 → 올 텐데 • 비싸다 → 비쌀 텐데 ★ 불다 → 불 텐데

1. 그림을 보고 보기와 같이 친구와 이야기해 보세요.

저 나갔다 올게요.

 보기

날씨가 추울 텐데
두꺼운 옷을 입는 게 어때요?

날씨가 춥다
두꺼운 옷을 입다

1)

미세 먼지가 심하다
마스크를 쓰다

2)

길이 막히다
지하철을 타다

3)

길이 미끄럽다
차를 두고 가다

2. 여러분은 이럴 때 어떻게 할 거예요? 친구와 이야기해 보세요.

• 외출하려고 하는데 소나기가 온다.
• 식당에 갔는데 사람이 너무 많다.

소나기가 오는데
어떻게 할까요?

곧 그칠 텐데
잠시 후에 가요.

2 동-어 있다

어떤 일이 끝난 후에 그 상태가 지속됨을 나타낸다.

고　천: 와! 공원에 꽃이 많이 **피어 있어요**.
김영욱: 네. 이제 정말 봄이네요.

예문
• 가: 누가 안젤라 씨예요?
　나: 저기 과장님 옆에 **앉아 있는** 사람이에요.
• 이 커피에는 설탕이 안 **들어 있어요**.
• 친구에게 전화했는데 전원이 **꺼져 있어요**.

-아 있다	• 앉다 → **앉아 있다**
	• 오다 → **와 있다**
-어 있다	• 들다 → **들어 있다**
	• 쌓이다 → **쌓여 있다**
-해 있다	• 정지하다 → **정지해 있다**
	• 입원하다 → **입원해 있다**

---

1. 그림을 보고 보기 와 같이 이야기해 보세요.

보기 　고천 씨가 소파에 앉아 있어요.

1) 볼펜이 바닥에 떨어지다

2) 창문이 닫히다

3) 시계가 벽에 걸리다

4) 탁자 위에 컵이 놓이다

---

2. 다음 장소에 대해 이야기해 보세요.

보기 　창문이 열려 있어요. 가방이 책상 위에 놓여 있어요.

1. 아나이스 씨와 라민 씨가 야외 행사 계획에 대해 이야기합니다. 다음 대화처럼 이야기해 보세요.

아나이스: 일기 예보 봤어요? 내일 미세 먼지가 심하대요. 기온도 많이 떨어지고요.

라　　민: 아, 체육 대회 하기로 한 날에 날씨가 이래서 걱정이에요.

아나이스: 그러게요. 사람들이 날씨 때문에 힘들어할 텐데 괜찮을까요?

라　　민: 아니요. 내일 같은 날에 야외 행사는 무리예요. 체육 대회를 다른 날로 연기하는 게 어때요?

아나이스: 그게 낫겠죠? 제가 빨리 사람들에게 연락할게요.

야외 활동 자제

3-16 EBOOK

1) 미세 먼지가 심하다, 기온이 많이 떨어지다 | 체육 대회, 체육 대회를 다른 날로 연기하다

2) 최고 기온이 33도까지 올라가다, 습도도 80%이다 | 야유회, 야유회 가지 말고 다 같이 식사만 하다

2. 다음과 같은 상황에서 어떻게 할지에 대해 친구와 이야기해 보세요.

상황

- 여행을 가려고 하는데 호우 경보가 내렸다.
- 야외 근무를 하는 날에 폭염 주의보가 내렸다.

단어장

야외 행사
체육 대회
연기하다
무리
야유회

1. 뉴스에서 날씨를 소개하고 있습니다. 그림을 보고 내일 날씨가 어떨지 말해 보세요.

8 KOR NEWS 주말 맑고 공기 깨끗
큰 일교차 주의

8 KOR NEWS 낮에도 찬바람 불어
체감 온도는 영하로 내려가

8 KOR NEWS 밤사이 '열대야 현상'
폭염 속 오후 한때 소나기 내려

16-L.mp3

2. 뉴스의 일기 예보입니다. 잘 듣고 질문에 답해 보세요.

1) 대구 날씨에 대해 들은 내용과 같으면 ○, 다르면 ✕ 하세요.

❶ 오늘은 날이 맑지만 미세 먼지가 심할 것이다.   (   )

❷ 일교차가 크기 때문에 옷차림을 조심해야 한다.   (   )

2) 서울 경기 날씨에 대해 들은 내용과 같으면 ○, 다르면 ✕ 하세요.

❶ 주말에도 몹시 더울 것이다.   (   )

❷ 내일은 하루 종일 비가 올 것이다.   (   )

단어장

열대야
찬바람이 불다
옷차림

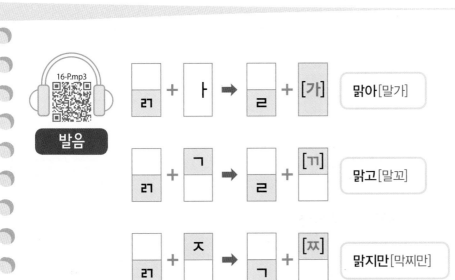

16-P.mp3

발음

리 + ㅏ ➡ ㄹ + [가] **맑아**[말가]

리 + ㄱ ➡ ㄹ + [ㄲ] **맑고**[말꼬]

리 + ㅈ ➡ ㄱ + [ㅉ] **맑지만**[막찌만]

다음을 듣고 따라 읽으세요.

1) 날씨가 **맑아** 나들이하기 좋겠습니다.

2) 오늘은 **맑고** 미세 먼지 농도가 낮겠습니다.

3) 오전에는 날씨가 **맑지만** 오후에는 점차 흐려지겠습니다.

1. 계절이 바뀌어 기후나 날씨가 달라지면 사람의 몸에 어떤 영향이 있습니까?

건강 365

- 춘곤증, 봄에 온몸이 나른하면?

- 밤이 되어도 25도를 넘는
  열대야로 잠들기 어려우면?

- 우울한 기분이 드는 등
  가을을 탈 때?

- 고열과 근육통이 심해
  독감이 의심되면?

2. 춘곤증의 증상에 대해 그림을 보면서 이야기해 보세요.

왜 이렇게 피곤하지?
오늘따라 힘도 없네.

몸이 나른하다

피로를 느끼다

멍~

기운이 없다

아... 졸려.

졸음이 오다

집중력이 떨어지다

3. 다음은 '춘곤증'에 대한 글입니다. 잘 읽고 질문에 답해 보세요.

지식백과 🔍 | 로그인 | 회원 가입 | 마이 페이지

◀ ▶ 봄에 온몸이 나른하면?

봄에 온몸이 나른하면? 건강 *365*

춘곤증은 봄철에 몸에 특별한 병이 없는데도 온몸이 나른하고 졸음이 오거나 쉽게 피로를 느끼는 상태를 말한다. 흔히 '봄을 탄다'는 말로 표현되는 춘곤증은 의학적으로 질병이 아니며 보통 1~3주가 지나면 없어진다.

춘곤증은 날씨의 변화와 관련이 있다. 사람들이 춘곤증을 느끼는 원인은 겨울에서 봄으로 바뀌는 계절 변화에 몸이 적응하지 못했기 때문이다. 봄이 되어 날이 따뜻해졌지만 몸은 추위에 익숙해 있어서 쉽게 피로를 느끼게 된다는 것이다.

평소 규칙적이고 적당한 운동으로 춘곤증을 예방할 수 있다. 운동은 한 번에 많이 하지 말고 조금씩 자주 하는 것이 좋다. 2~3시간 간격으로 스트레칭을 하여 근육의 긴장을 풀어 주는 것도 효과적이다. 대체로 봄철에는 평소보다 비타민이 3~5배 더 필요하다. 비타민 비(B)와 시(C)가 많이 포함된 채소와 과일을 많이 먹는 것이 좋다. 또한 잠을 충분히 자야 한다. 수면 시간은 하루 7~8시간 정도가 적당한데, 푹 자는 것이 중요하다.

1) 춘곤증의 증상에는 무엇이 있습니까?

....

2) 춘곤증은 왜 생깁니까?

....

3) 춘곤증의 예방 방법으로 맞으면 ○, 틀리면 ✗ 하세요.

❶ 운동은 한 번에 오랫동안 하는 것이 좋다.　　　(　　　)

❷ 평소보다 채소와 과일을 더 먹어야 한다.　　　(　　　)

❸ 하루에 7~8시간 정도 푹 자야 한다.　　　(　　　)

> 단어장
>
> **봄을 타다**
> **적응하다**
> **익숙하다**
> **스트레칭을 하다**
> **수면 시간**

1. 여러분 고향의 날씨는 어떻습니까? 이때 무엇을 주의해야 합니까?

나라	날씨	주의할 점
한국	겨울에 춥고 건조하다.	• 독감이 유행할 수 있으니까 손을 잘 씻는다. • 미세 먼지가 심한 날에는 마스크를 쓴다.

2. 여러분의 고향으로 여행을 가려는 친구에게 현지 날씨와 주의할 점을 알리는 이메일을 써 보세요.

새 메일	_ ⤢ ×
받는 사람	
제목	

보내기

단어장

건조하다

한국의 절기

한국에서는 해가 하늘에서 지나는 길을 보고 1년을 24시기로 나누어 계절의 변화를 나타냈는데 이를 절기라고 한다. 7일을 단위로 생활하는 요즘과는 다르게, 옛날에는 절기를 사용하여 15일을 단위로 살았다고 할 수 있다. 24절기는 최근에 많이 사용되지 않지만 아직도 몇몇 절기는 여전히 계절의 변화를 알려 주는 날로 한국인의 일상 속에 자리 잡고 있다. 이들 절기 중 사람들에게 친숙한 절기는 입춘, 춘분, 하지, 추분, 동지 등이다.

입춘은 봄의 시작을 알리는데, 예전에는 입춘에 한자로 '입춘대길(立春大吉)'이라고 써서 대문에 붙이고 행복을 빌었다. 춘분은 낮과 밤의 길이가 같은 날로 춘분이 지나면 낮의 길이가 점점 더 길어진다. 하지는 1년 중 낮의 길이가 가장 긴 날이고 추분은 낮과 밤의 길이가 같은 날이다. 추분이 지나면 다시 밤이 길어지는데 동지는 1년 중 밤의 길이가 가장 긴 날이다. 동지에는 팥죽을 먹으며 나쁜 일이 생기는 것을 막는 풍습이 있다.

1) 옛날 사람들은 무엇을 위해 절기를 사용했습니까?
2) 입춘과 동지에 사람들은 무엇을 합니까?
3) 여러분 고향에서는 옛날에 시간이나 계절의 흐름을 어떻게 나타냈습니까?

일요일	월요일	화요일	수요일	목요일	금요일	토요일
	1	2	3	4	5 경칩	6
7	8 2.15	9	10	11	12	13
14 2.20	15	16	17	18	19	20 춘분
21	22	23	24 3.1	25	26	27
28	29	30	31			
3.5						

배운 어휘 확인

☐ 체감 온도	☐ 열대야
☐ 습도	☐ 찬바람이 불다
☐ 비 올 확률	☐ 옷차림
☐ 미세 먼지	☐ 춘곤증
☐ 최저 기온	☐ 우울하다
☐ 최고 기온	☐ 봄/가을을 타다
☐ 일교차가 크다	☐ 고열
☐ 비가 그치다	☐ 근육통
☐ 날이 개다	☐ 독감
☐ 기온이 영하로 떨어지다	☐ 의심되다
☐ 폭염 주의보	☐ 몸이 나른하다
☐ 호우/한파 경보	☐ 피로를 느끼다
☐ 마스크를 쓰다	☐ 기운이 없다
☐ 대피하다	☐ 졸음이 오다
☐ 시간을 내다	☐ 집중력이 떨어지다
☐ 소나기가 내리다	☐ 적응하다
☐ 야외 행사	☐ 익숙하다
☐ 체육 대회	☐ 스트레칭을 하다
☐ 연기하다	☐ 수면 시간
☐ 무리	☐ 건조하다
☐ 야유회	

복습 2

어휘

※ [1~7] 〈보기〉와 같이 (   )에 들어갈 알맞은 것을 고르세요.

〈보기〉

머리가 아픕니다. 그래서 (   )에 갑니다.

① 학교   ② 시장   ❸ 약국   ④ 공항

---

1. 영화관에서는 휴대 전화의 (   )을 끄세요.

   ① 액정   ② 전등   ③ 전원   ④ 화면

2. 10도가 넘는 (   ) 때문에 감기 환자가 갑자기 많아졌다고 합니다.

   ① 습도   ② 호우   ③ 한파   ④ 일교차

3. 가: 욕실에 무슨 문제 있어요?
   나: 네. 하수구가 (   ) 물이 잘 내려가지 않네요.

   ① 새서   ② 잠겨서   ③ 막혀서   ④ 깨져서

4. 가: 과장님이 무슨 일을 시켰어요?
   나: 이번 주 작업 일지를 (   ) 제출하라고 하셨어요.

   ① 작성해서   ② 주문해서   ③ 유지해서   ④ 정비해서

5.

가: 정월 대보름에 보통 뭐 해요?

나: 보름달을 보며 소원을 (   ).

① 보내요   ② 빌어요   ③ 즐겨요   ④ 지내요

6.

동생이 지난달부터 학업과 직장 생활을 (   ) 있어서 정신없이 바빠요.

① 병행하고   ② 정리하고   ③ 참여하고   ④ 되풀이하고

7.

나는 얼마 전에 휴대 전화를 바꾸면서 다른 통신사에 (   ).

① 개통했다   ② 가입했다   ③ 입력했다   ④ 접속했다

※ [8~10] 다음 밑줄 친 부분과 의미가 비슷한 것을 고르세요.

8.

가: 라민 씨, 이사한 집은 어때요?

나: 창문만 열면 공원이 한눈에 보일 정도로 전망이 좋아서 마음에 들어요.

① 환경   ② 경치   ③ 방향   ④ 형태

9. 냉장고가 고장이 나서 수리하려고 서비스 센터에 전화했어요.

① 고치려고   ② 연결하려고   ③ 사용하려고   ④ 삭제하려고

10. 입사한 지 얼마 되지 않아서 아직 업무를 다 파악하지 못했습니다.

① 적응하지   ② 완성하지   ③ 이해하지   ④ 준비하지

※ [1~5] 〈보기〉와 같이 (   )에 들어갈 알맞은 것을 고르세요.

〈보기〉

가: 이번 주말에 영화 보러 갈까요?

나: 날씨가 좋으니까 영화를 (   ) 공원에서 산책해요.

① 볼 때   ② 보려면   ③ 보는데   ❹ 보는 대신에

---

1. 가: 후엔 씨, 무슨 일이 있었어요? 피곤해 보여요.

   나: 어제 저녁에 커피를 (   ) 잠을 못 잤어요.

   ① 마시면서   ② 마시려고   ③ 마셔야만   ④ 마셔서 그런지

2. 가: 안젤라 씨는 매일 한국어를 공부해요?

   나: 네. 저는 아무리 (   ) 매일 한 시간씩 한국어를 공부해요.

   ① 힘들어서   ② 힘들어도   ③ 힘들고 해서   ④ 힘들어 가지고

3. 가: 잠시드 씨, 어젯밤에 전화했는데 왜 안 받았어요?

   나: 그랬어요? 어제 너무 피곤해서 집에 (   ) 곧 잠이 들었거든요.

   ① 가면   ② 가다가   ③ 가야만   ④ 가자마자

4. 가: 이링 씨에게 약속 장소를 말했어요?

   나: 그렇지 않아도 지금 이링 씨에게 (   ).

   ① 전화해도 돼요   ② 전화하기 때문이에요
   ③ 전화하기로 했어요   ④ 전화하려던 참이었어요

5. 가: 시간이 있을 때 보통 뭘 (   )?

   나: 저는 영화를 보거나 친구를 만나요.

   ① 하나요   ② 하거든요   ③ 하잖아요   ④ 하는지 알아요

※ [6~10] 다음 밑줄 친 부분과 의미가 비슷한 것을 고르세요.

6. 저는 아침에 <u>일어나면</u> 바로 세수를 해요.

　　① 일어나려면　　　　② 일어나면서　　　　③ 일어나는데　　　　④ 일어나자마자

7. 민수 씨는 성격이 <u>활발하고</u> 친절해요.

　　① 활발해서　　　　　② 활발하면　　　　　③ 활발하다가　　　　④ 활발한 데다가

8. 주말이라 사람이 <u>많을 것 같은데</u> 빨리 예약하세요.

　　① 많으면　　　　　　② 많아야　　　　　　③ 많을 텐데　　　　　④ 많은 대신에

9. 저도 마침 점심 <u>먹으려고 했는데</u> 같이 먹어요.

　　① 먹고 해서　　　　　　　　　　　　② 먹을 만한데
　　③ 먹자고 하는데　　　　　　　　　　④ 먹으려던 참이었는데

10. 부장님이 저에게 회의 자료를 <u>준비하라고 시키셨어요.</u>

　　① 준비하면 돼요　　　　　　　　　　② 준비할 수 있어요
　　③ 준비하게 하셨어요　　　　　　　　④ 준비하는지 알아요

※ [11~14] 밑줄 친 부분이 틀린 것을 고르세요.

11. ① 한국 생활에 조금씩 <u>적응해 가고</u> 있어요.
　　② 대학교 때부터 이 회사에 <u>관심이 가지게</u> 됐어요.
　　③ 회사 앞 식당은 음식도 <u>맛없는 데다가</u> 값도 비싸요.
　　④ 한국어가 <u>유창해야</u> 한국 회사에 취직할 수 있어요.

12. ① 창문이 <u>열어</u> 있네요.
　　② 시장에 사람이 <u>많은가요?</u>
　　③ 이력서는 미리 <u>써 놓는</u> 게 좋아요.
　　④ <u>가게를 차리기 위해서</u> 준비하고 있어요.

13. ① 저도 마침 <u>출발하려던</u> 참이었어요.

② 인터넷 쇼핑은 옷을 못 <u>입어</u> 보잖아요.

③ 이제는 한국 문화를 잘 <u>이해하게</u> 됐어요.

④ 한국에 <u>도착했자마자</u> 부모님께 전화했어요.

14. ① 단어를 <u>외워도</u> 기억나지 않아요.

② <u>힘들을 텐데</u> 주말에는 푹 쉬세요.

③ 학생증이 <u>있어야</u> 도서관에 들어갈 수 있어요.

④ 과장님께서 이링 씨에게 재고를 <u>정리하게 했어요</u>.

15. 다음을 '-는다'로 바꿔 쓰세요.

<u>저는</u> 재작년에 우즈베키스탄에서 한국에 <u>왔습니다</u>. 제 고향은 <u>사마르칸트입니다</u>. 실크 로드의
(①   )   (②   ) (③   ) (④   )
 	
역사를 간직하고 있어서 <u>유명합니다</u>. 사마르칸트는 넓은 평지 위에 펼쳐진 <u>도시입니다</u>.
                 (⑤   )   (⑥   )
 	
도시 곳곳에는 옛날 건축물이 <u>많습니다</u>. 그리고 주변에 낮은 언덕이 <u>있습니다</u>. 건조한 날씨
                  (⑦   )   (⑧   )
 	
때문에 언덕에 나무는 <u>많지 않습니다</u>. 언덕에서는 염소들이 풀을 <u>먹습니다</u>.
        (⑨   )   (⑩   )

※ [1~2] 다음의 내용과 같은 것을 고르세요.

1.

나리 초등학교에서 방과 후 선생님을 모집합니다	모집 분야	제출 서류
	중국어, 컴퓨터, 축구	이력서, 자기 소개서, 졸업 증명서, 자격증
	모집 인원	**지원 방법**
	각 1명씩, 총 3명	방문(1층 교무실) 또는 이메일 (nari_school@naver.com) 접수
	모집 기간	**지원 문의**
	20XX. 1. 17.~1. 24.	02) 345-9876
	지원 자격	
	각 분야 대졸자, 또는 교사 자격증 소지자	

① 이 학교에는 방과 후 영어 교실이 있다.
② 대학교에서 컴퓨터를 전공한 사람은 지원할 수 있다.
③ 지원자는 합격 후에 자격증을 제출하면 된다.
④ 지원 서류를 내기 위해서 반드시 학교에 가야 한다.

2.

원룸
보증금 500, 월세 40

매물 정보	
주소	○○시 ○○동 ○○빌라
층/건물 층수	2층/4층
상세 설명	– 근처에 지하철역, 편의점, 마트 있음 – 전망이 좋고 햇빛이 잘 들어옴 – 냉난방 시설, 냉장고, 싱크대, 인터넷 와이파이 있음
문의	○○공인 중개사(010-123-4989)

① 집에서 지하철역이 가깝지 않다.
② 집에서 보는 경치가 좋다.
③ 이사 올 사람은 냉장고를 사야 한다.
④ 전세 500만 원으로 계약할 수 있다.

※ [3] 다음 (   ) 안에 알맞은 것을 고르세요.

3.
> 가: 무슨 고민이 있어요? 기분이 안 좋아 보여요.
>
> 나: 요즘 계속 우울하고 잠도 잘 못 자요. 식욕도 없고요.
>
> 가: 지금 제가 막 산책하러 (   ). 그럼 기분이 좀 나아질 거예요. 그리고 일시적인 게 아니라면 상담을 좀 받아 보는 것도 좋고요.
>
> 나: 네. 같이 가요. 고마워요.

① 갈 만한 곳을 다녀왔어요

② 가자마자 기분이 좋아졌어요

③ 가게 했는데 가 보라고 하세요

④ 가려던 참이었는데 같이 산책해요

※ [4~5] 다음을 읽고 물음에 답하세요.

> 겨울에서 봄으로 계절이 바뀌는 기간에 사람들은 쉽게 피로를 느끼게 된다. 온몸이 나른하고 졸음이 오는 상태가 보통 1~3주 정도 계속되는데 질병은 아니다. 이러한 (㉠   ) 날씨의 변화에 몸이 적응을 하지 못했기 때문이다. 춘곤증은 평소 규칙적이고 적당한 운동을 통해 예방할 수 있다. 또한 충분한 시간 동안 잠을 자는 것과 비타민을 먹는 것도 춘곤증 예방에 도움이 된다.

4. ㉠에 들어갈 알맞은 말을 고르세요.

① 춘곤증 문제의 해결법은

② 춘곤증이 나타나는 이유는

③ 춘곤증을 예방하기 위해서는

④ 춘곤증을 없앨 수 있는 방법은

5. 윗글의 내용과 같은 것을 고르세요.

① 춘곤증은 가을에 주로 나타나는 증상이다.

② 춘곤증은 병의 한 종류여서 증상이 생기면 병원에 가야 한다.

③ 규칙적으로 적당히 운동하면 춘곤증을 예방할 수 있다.

④ 수면 시간과 춘곤증은 특별한 관계가 없다.

※ [6] 다음 글의 중심 내용으로 옳은 것을 고르세요.

직장 생활을 하다 보면 대인 관계나 야근 등으로 스트레스를 받을 때가 있다. 사람들은 보통 직장 생활의 어려움을 극복하기 위해 아무것도 하지 않고 휴식을 취한다고 한다. 그러나 아무것도 하지 않는 것보다 조금 더 적극적으로 자신의 문제를 해결해 보는 것이 좋다. 취미를 가지고 취미 생활을 해 보거나 야외 활동이나 동호회 활동을 하면 재충전의 시간을 가질 수 있을 것이다.

① 직장 생활을 할 때 스트레스를 받지 않아야 한다.
② 직장에서 야근을 하면 스트레스를 더 많이 받게 된다.
③ 직장 생활의 스트레스는 적극적인 활동으로 푸는 것이 좋다.
④ 직장에서 스트레스를 받을 때 휴식을 취하는 사람들이 많다.

※ [7~8] 다음을 읽고 물음에 답하세요.

스마트폰 덕분에 많은 일을 쉽고 신속하게 해결할 수 있게 되었지만 스마트폰 때문에 생기는 문제점도 많다. 사람을 직접 만나서 소통하는 일이 줄어들었고 스마트폰에 중독되는 사람들이 많아졌다. 특히 어린이나 청소년들의 스마트폰 중독 문제는 심각하다. 또한 개인 정보나 사생활이 유출되기도 해서 사회적으로 문제가 되고 있다. 과유불급이라는 말처럼 (㉠   ). 스마트폰에 의존하지 않고 스마트폰을 잘 사용해야 한다.

7. ㉠에 들어갈 알맞은 말을 고르세요.

① 어떤 일을 오래 하게 되면 잘할 수 있게 된다
② 어떤 일을 많이 해서 모자라지 않게 해야 한다
③ 어떤 일의 정도가 심하면 모자람이 없는 상황보다 좋다
④ 어떤 일의 정도가 지나친 것은 모자란 것보다 좋지 않다

8. 윗글의 중심 내용으로 옳은 것을 고르세요.

① 스마트폰은 단점보다 장점이 더 많다.
② 스마트폰을 지혜롭게 사용하는 것이 좋다.
③ 문제가 많은 스마트폰을 사용하지 않아야 한다.
④ 어린이들이 스마트폰 중독에 빠지면 고치기 어렵다.

※ [1~2] 다음 그림을 보고 대화문을 만들어 옆 사람과 대화해 보세요.

1. 서비스 센터 직원과 고객

- 무엇에 문제가 있어요?
- 어떤 문제가 있어요?

가: _____

나: _____

가: _____

나: _____

가: _____

나: _____

2. 부동산 중개소에서 중개업자와 손님

- 집이 얼마예요?
- 두 집은 어떤 특징이 있어요?

가: _____

나: _____

가: _____

나: _____

가: _____

나: _____

쓰기

※ [1~2] 다음 대화문에 알맞은 말을 쓰세요.

1.

> 가: 요즘 일을 찾고 있다고 했지요? 무슨 일을 하고 싶어요?
>
> 나: 저는 병원에서 통역하는 일을 하고 싶어요.
>
> 가: 병원에서 통역을 하려면 의료 통역 자격증을 미리 _____.

2.

> 가: 한국에서는 설날에 꼭 떡국을 먹어야 돼요?
>
> 나: 한국에서는 새해가 되면 나이가 한 살 많아지잖아요. 설날에 떡국을 먹어야 나이가 한 살 더 많아진다고 생각해요.
>
> 가: 그렇군요. 선생님 덕분에 한국 문화를 잘 _____.

3. 다음 내용을 포함하여 '에스엔에스(SNS)와 의사소통'이라는 제목으로 글을 쓰세요.

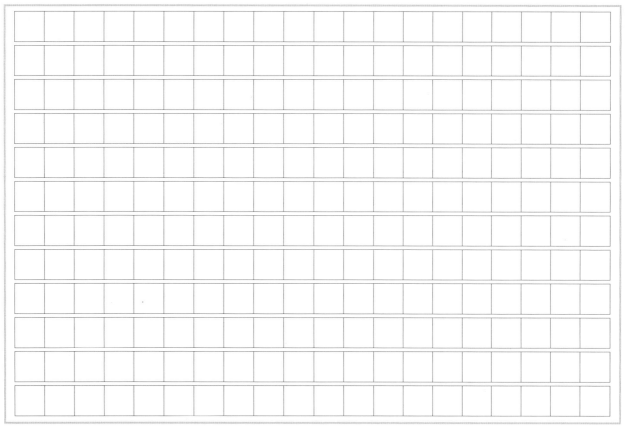

- 에스엔에스(SNS)로 하는 의사소통의 장점
  -
  -

- 에스엔에스(SNS)로 하는 의사소통의 문제점
  -
  -

- 바람직한 의사소통 방법
  -

모범 답안

1 대인 관계

듣기 p.18

1) ① X   ② O   ③ O
2) ④
3) 중국에 관심이 많아서 질문을 많이 합니다.

읽기 p.20

1) 높임말(사용)을 어려워합니다.
2) ① O   ② X   ③ X
3) ③

2 성격

듣기 p.30

1) 소극적인 편입니다.
2) 낯선 생활에 적응하려고 노력하면서 적극적이고 말이 많아졌습니다.
3) ① O   ② O   ③ O

읽기 p.32

1) 부모님이 결혼기념일에 크게 다투셨습니다.
2) 여행사를 운영하시고, 성격은 적극적이고 활발한 편이십니다.
3) ① X   ② O   ③ O   ④ X

3 지역 복지 서비스

듣기 p.42

1) 초급 컴퓨터 수업에 등록하고 싶었습니다.
2) 3만 원입니다.
3) ① X   ② O   ③ O

읽기 p.44

1) 복지 센터를 소개하는 기사입니다.
2) ②
3) ① O   ② O   ③ X

4 교환과 환불

듣기 p.54

1) 인터넷 쇼핑을 자주 합니다.
2) 교환이나 환불을 못 받을 것 같아서 걱정합니다.
3) ① X   ② X   ③ X

읽기 p.56

1) 교환 또는 환불을 받고 싶어 합니다.
2) 환불은 안 되고 교환은 가능합니다.
3) 라흐만

5 소비와 절약

듣기 p.66

1) 전시한 가구여서 저렴하게 샀다고 합니다.
2) 매장보다 저렴한 것을 찾을 수 있기 때문입니다.
3) ① O   ② O   ③ X

읽기 p.68

1) 중고 육아용품 구입 경험
2) ④
3) ① X   ② O   ③ X

6 주거 환경

듣기 p.78

1) 부모님 댁에 갈 겁니다.
2) ①
3) ① X   ② O   ③ X

읽기 p.80

1) 건조한 날씨 때문에 나무가 많지 않습니다.
2) ①
3) ① O   ② O   ③ X

7 문화생활

듣기   p. 90

1) 두 사람은 난타 공연을 보려고 합니다.
2) ① O   ② O   ③ X

읽기   p. 92

1) ① X   ② X   ③ X   ④ O
2) 보통 때보다 싼 가격이나 무료로 문화생활을 할 수 있습니다.

8 음식과 요리

듣기   p. 102

1) 고기 뷔페식당입니다.
2) 고추장, 된장, 다진 마늘, 고춧가루가 필요합니다.
3) ① O   ② X   ③ X

읽기   p. 104

1) ① → ③ → ⑤ → ④ → ⑥ → ②
2) 둘이 먹다가 하나가 죽어도 모른다.
3) ④

복습 1

어휘   p. 108

1. ①   2. ②   3. ④   4. ②   5. ②
6. ①   7. ③   8. ④   9. ②   10. ①

문법   p. 110

1. ①   2. ②   3. ③   4. ①   5. ④
6. ④   7. ③   8. ④   9. ②   10. ③
11. ①   12. ③   13. ①
14. ① 웃겨요
     ② 보여요
     ③ 들려요
15. ① 잠시드 씨가 무슨 선물을 받았냐고 했어요.
     ② 친구가 인터넷으로 물건을 사면 싸게 살 수 있다고 했어요.
     ③ 후엔 씨가 이번 주 토요일에 동호회 모임에 같이 가자고 했어요.
     ④ 사장님께서 점심 식사가 끝난 후에 모두 회의에 참석하라고 했어요.
     ⑤ 안젤라 씨가 회사에서 일할 때 위아래 관계가 어려워서 스트레스를 받는다고 했어요.

읽기   p. 113

1. ②   2. ①   3. ③   4. ③   5. ②
6. ④   7. ③   8. ④   9. ①

쓰기   p. 117

1. 갔다가
2. 더 나왔어요

9 고장과 수리

듣기   p. 124

1) 휴대 전화가 가방 안에 있었는데 가방을 떨어뜨려서 깨졌습니다.
2) ① O   ② X   ③ O

읽기   p. 126

1) 변기가 자주 막히는 문제가 있습니다.
2) ① X   ② X   ③ O
3) ④

10 취업

듣기   p. 136

1) 아이들을 가르치고 싶어서 지원했습니다.
2) ① X   ② X   ③ X

읽기   p. 138

1) 외국인 영어 교사를 구하기 위해 쓴 글입니다.
2) ① O   ② O
3) ②

1) 아르바이트 직원을 구하기 위해 쓴 글입니다.
2) ① O   ② O
3) ①

11 부동산

듣기 p. 148

1) 방 두 개에 학원가 근처에 있는 아파트를 찾고 있습니다.

2)

집 1			
원룸 ☐	빌라 ☐	주택 ☐	아파트 ☑
월세 ☐	전세 ☐	매매 ☑	
8,000만 원			

집 2			
원룸 ☐	빌라 ☐	주택 ☐	아파트 ☑
월세 ☐	전세 ☑	매매 ☐	
9,000만 원			

3)

집 1	• 교통이 편리하다 • 주변에 편의 시설이 많다
집 2	• 남향이어서 햇빛이 잘 든다 • 전망이 좋다

읽기 p. 150

1) 집 안: 해가 잘 들어오는지, 소음이 없는지, 수도, 전기, 난방은 문제가 없는지, 시설에 고장 난 곳이 있는지 확인해야 합니다.
집 주변: 편의 시설이 있는지, 안전한지, 교통이 편리한지 확인해야 합니다.

2) ① 집주인　　　② 특약 사항

3) 가 → 나 → 다 → 라

12 전통 명절

듣기 p. 160

1) 추석에 대해 말하고 있습니다.

2) 자녀들이 고향 가는 길이 많이 막히기 때문입니다.

3) ① X　　② O　　③ X

읽기 p. 162

1) ①

2) ②

3) ① 친척이나 아는 사람들을 직접 찾아가는 대신에 명절 인사를 문자 메시지로 보냅니다.
② 가족들이 함께 여행을 가기도 하고 개인적인 시간을 보내기도 합니다.

13 직장 생활

듣기 p. 172

1) 휴가 신청서를 냈습니다.

2) 상사에게 이야기해서 미리 허락을 받는 게 좋다고 했습니다.

3) ① X　　② X　　③ X

읽기 p. 174

1) ③

2) 대인 관계 문제입니다.

3) ① X　　② X　　③ O

14 인터넷과 스마트폰

듣기 p. 184

1) ③

2) ① X　　② X　　③ O

읽기 p. 186

1) ②

2) ① X　　② X　　③ X

15 고민과 상담

듣기 p. 196

1) 이삿짐센터에서 일을 합니다.

2) 돈을 일당으로 받아서 수입이 일정하지 않기 때문입니다.

3) ① X　　② O　　③ X

읽기 p. 198

1) ③

2) ① X　　② X　　③ O

16 기후와 날씨

듣기 p. 208

1) ① X   ② O
2) ① O   ② X

읽기 p. 210

1) 특별한 병이 없는데도 온몸이 나른하고 졸음이 오거나 쉽게 피로를 느낍니다.
2) 겨울에서 봄으로 바뀌는 계절 변화에 몸이 적응하지 못했기 때문입니다.
3) ① X   ② O   ③ O

복습 2

어휘 p. 214

1. ③   **2.** ④   **3.** ③   **4.** ①   **5.** ②
6. ①   **7.** ②   **8.** ②   **9.** ①   **10.** ③

문법 p. 216

1. ④   **2.** ②   **3.** ④   **4.** ④   **5.** ①
6. ④   **7.** ④   **8.** ③   **9.** ④   **10.** ③
11. ②   **12.** ①   **13.** ④   **14.** ②
15. ① 나는   ② 왔다   ③ 내
      ④ 사마르칸트이다   ⑤ 유명하다   ⑥ 도시이다
      ⑦ 많다   ⑧ 있다   ⑨ 많지 않다
      ⑩ 먹는다

읽기 p. 219

1. ②   **2.** ②   **3.** ④   **4.** ②   **5.** ③
6. ③   **7.** ④   **8.** ②

쓰기 p. 223

1. 따 놓아야 돼요
2. 알게 됐어요

듣기 지문

1　대인 관계

고천(여): 성민아, 새로 간 학교는 다니기 어때? 친구들은 많이 사귀었어?

성민(남): 아직요. 반 친구들이 저를 어려워하는 것 같아요.

고천(여): 왜? 네가 중국에서 와서?

성민(남): 그런 것 같아요. 그래도 제 주변에 앉은 친구들하고는 처음보다 많이 친해졌어요. 내일 수업 끝나고 피시방에 같이 가기로 했어요.

고천(여): 그래. 그렇게 친구들 이야기도 잘 들어 주고 함께 시간 보내면서 친해지면 돼.

성민(남): 네, 그 친구들은 중국에 관심이 많아요. 저한테 이것저것 많이 물어보고 해서 이야기도 많이 나눴어요.

고천(여): 다행이구나. 싸우지 말고 사이좋게 지내야 한다.

2　성격

애　나(여): 제이슨 씨. 다음 주 '장기 자랑 대회'에서 노래할 거예요?

제이슨(남): 네. 무슨 노래 부를지도 이미 정했는데요. 애나 씨도 같이 해 보는 게 어때요?

애　나(여): 저는 성격이 소극적인 편이어서 다른 사람들 앞에 나서는 걸 안 좋아해요. 저도 제이슨 씨 같은 성격을 가졌으면 좋겠네요.

제이슨(남): 저도 예전에는 조용하고 내성적이었어요. 그런데 한국에 와서 낯선 생활에 적응하려고 노력하면서 성격이 달라진 것 같아요. 적극적이고 말도 많아지고요.

애　나(여): 정말요? 저도 바뀔 수 있을까요?

제이슨(남): 물론이죠. 노력하면 바꿀 수 있어요. 혼자 있는 대신에 다른 사람들과 시간도 보내고 이야기도 해 보세요.

애　나(여): 그럼 저도 이제부터 취미 모임을 찾아봐야겠어요.

3　지역 복지 서비스

직원(남): 네, 외국인 종합 복지 센터입니다.

후엔(여): 안녕하세요. 초급 컴퓨터 등록에 대해서 문의하려고 전화했는데요.

직원(남): 죄송합니다. 초급 컴퓨터는 이미 마감이 됐습니다. 대기하실 수는 있어요. 컴퓨터 수업이 혹시 처음이신가요?

후엔(여): 아니요. 전에 배운 적은 있는데 잘 못해서 다시 배우고 싶어서요.

직원(남): 그러면 중급 수업은 어떠십니까? 중급 수업을 들어 보시다가 어려우면 환불도 가능합니다.

후엔(여): 중급 수업 등록비는 얼마인가요?

직원(남): 중급 수업은 3만 원이고 수업은 화요일과 목요일 오후 8시부터 9시까지입니다.

후엔(여): 네, 조금 더 생각해 보고 등록할게요. 감사합니다.

4　교환과 환불

이링(여): 라민 씨, 라민 씨는 쇼핑을 어디에서 자주 해요?

라민(남): 저는 인터넷 쇼핑을 자주 하는 편이에요.

이링(여): 그래요? 인터넷으로 쇼핑을 하면 교환이나 환불이 어렵지 않아요?

라민(남): 아니요. 전혀 어렵지 않아요. 물건을 받고 교환이나 환불을 하고 싶으면 고객 센터에 연락해서 신청하면 돼요.

이링(여): 비용은 무료예요?

라민(남): 음……. 모두 무료는 아니에요. 회사의 실수일 경우는 무료이지만 마음에 들지 않아서 교환이나 환불을 할 경우에는 택배비를 내야 해요.

이링(여): 그렇군요. 인터넷 쇼핑으로 물건을 사면 교환이나 환불을 못 받을 것 같아서 걱정이 됐거든요.

라민(남): 이번에 제가 추천하는 사이트에서 한번 쇼핑해 보세요. 아주 만족할 거예요.

5 소비와 절약

앵　커(남): 요즘 저렴한 가격으로 상품을 구입하는 사람들이 늘고 있습니다. 최현수 기자가 취재했습니다.

기　자(여): 50대 주부 김미진 씨는 200만 원이나 하는 소파를 120만 원에 샀습니다. 가구 매장에서 잠깐 전시한 가구이기 때문에 저렴하게 살 수 있었다고 합니다. 40대 직장인 박진호 씨는 여름에는 겨울용품을 사고, 겨울에는 여름용품을 구입한다고 합니다. 이처럼 현재의 계절과 반대되는 상품이나 이월 상품을 사면 최대 반값 정도로 할인된 가격에 구입할 수 있습니다. 이번에는 20대 한 분을 만나 이야기를 들어 보겠습니다.

일반인(남): 저는 물건을 사기 전에 반드시 인터넷에서 가격을 비교해 봅니다. 그렇게 하면 실제 매장에서 사는 것보다 저렴한 것을 많이 찾을 수 있습니다. 어떤 물건은 인터넷에서 판매하는 것이 더 싸기 때문에 인터넷으로 구입하는 사람도 많습니다.

기　자(여): 이처럼 절약하고 합리적으로 소비를 하는 문화가 우리 생활 속에서 점점 늘어나고 있습니다. KPS 뉴스 최현수입니다.

6 주거 환경

안젤라(여): 과장님, 주말에 뭐 하세요?

과장님(남): 부모님 댁에 갈 거예요.

안젤라(여): 부모님 댁은 가까우세요?

과장님(남): 아니요. 부모님은 여기에서 차로 3시간 거리인 시골에서 사세요. 농사도 지으시고 과수원도 하세요.

안젤라(여): 시골이면 주변 경치가 좋겠네요.

과장님(남): 집 근처에 산이 있는데 집에서 보여요. 아침에는 새소리도 들리고요.

안젤라(여): 그렇군요. 한적하고 공기도 맑아서 건강에도 좋을 것 같아요.

과장님(남): 그래서 나도 아내한테 퇴직하면 시골에서 살자고 했어요. 아내도 빌딩 숲에서 살기 싫다고 하네요.

안젤라(여): 자연환경이 좋은 곳에서 살면 좋지요. 여긴 너무 복잡해요.

7 문화생활

고천(여): 후엔 씨, 난타 공연에 초대해 줘서 고마워요.

후엔(여): 아니에요. 초대권이 한 장 더 있는데 혹시 같이 가고 싶은 친구 있어요?

고천(여): 그래요? 그럼 친한 친구한테 올 수 있냐고 물어볼까요?

후엔(여): 네, 좋은 기회니까 시간이 되면 꼭 오라고 하세요.

고천(여): 알겠어요. 저는 난타 공연을 보는 게 처음이에요. 정말 기대가 돼요.

후엔(여): 고천 씨가 기대하는 것만큼 재미있으면 좋겠어요.

8 음식과 요리

후　엔(여): 제이슨 씨, 어제 회식은 어디에서 했어요?

제이슨(남): 우리 회사 앞에 새로 생긴 고기 뷔페에서 했어요.

후　엔(여): 고기 뷔페요? 한 번도 안 가 봤는데 뷔페면 다양한 고기를 다 먹어 볼 수 있겠네요.

제이슨(남): 네, 돼지고기, 소고기 말고도 고기 종류가 정말 많았어요. 떡볶이, 볶음밥, 과일 같은 음식도 있었고요.

후　엔(여): 우와! 저도 고기를 좋아하는데 가 보고 싶네요. 저는 간장 양념된 고기를 좋아하거든요.

제이슨(남): 다음에 우리 반 회식할 때 거기 갈까요? 제가 고추장, 된장, 다진 마늘, 고춧가루로 맛있는 소스를 만들어 줄게요.

후　엔(여): 생각만 해도 군침이 도네요.

9 고장과 수리

직　원(여): 47번 고객님. 어서 오세요. 어떤 문제 때문에 방문하셨어요?

라흐만(남): 휴대 전화 액정이 깨졌어요.

직　원(여): 네, 제가 잠시 점검해 보겠습니다. 언제, 어떻게 하시다가 깨진 건가요?

라흐만(남): 가방 안에 있었는데 가방을 떨어뜨려서 그렇게 됐어요. 일주일 전에요.

직　원(여): 알겠습니다. 가방 안에 있어서 그런지 많이 깨지지 않았네요. 액정만 바꾸면 문제없을 것 같습니다.

라흐만(남): 구입할 때 보험에 가입했는데 비용이 얼마나 드나요?

직　원(여): 수리가 끝난 후에 영수증을 보험사로 보내시면 고객 부담금을 제외하고 돌려받으실 수 있습니다. 자세한 안내는 통신사 고객 센터로 문의해 보십시오.

10 취업

면접관(남): 어떻게 우리 학교에 지원하게 되셨습니까?

애　나(여): 저는 한국에 오기 전에도 고향에서 초등학교 선생님으로 5년 동안 일했습니다. 그래서 한국에서도 아이들을 가르치고 싶었습니다.

면접관(남): 아, 그러십니까? 평소에 어떤 선생님이 되고 싶다고 생각하셨습니까?

애　나(여): 저는 친구 같은 선생님이 되고 싶습니다. 학생들이 저를 친구처럼 생각하면 수업도 더 재미있게 할 수 있고 질문도 편하게 할 수 있어서 좋다고 생각합니다.

면접관(남): 우리 학교 취업을 위해 특별히 준비한 것이 있으십니까?

애　나(여): 저는 2년 전에 캐나다에서 영어 교사 자격증을 땄습니다. 최근에는 게임을 이용한 영어 지도에 관심이 있어서 그것에 관한 책을 많이 봤습니다.

면접관(남): 네, 잘 알겠습니다. 결과는 1주일 후에 홈페이지에서 확인하시면 됩니다.

애　나(여): 감사합니다.

11 부동산

후　엔(여): 안녕하세요. 집 좀 알아보려고 하는데요.

부동산 중개인(남): 어서 오세요. 어떤 집을 찾으세요?

후　엔(여): 전세로, 방 두 개에, 학원가 근처에 있는 아파트면 좋겠어요.

부동산 중개인(남): 잠깐만요. 이번에 새로 나온 집이 두 곳 있어요. 전세금은 하나가 8,000만 원이고, 다른 하나가 9,000만 원이에요.

후　엔(여): 두 집이 어떻게 달라요?

부동산 중개인(남): 두 집 모두 방도 두 개 있고 학원가 근처에 있어요. 그런데 한 곳은 교통이 편리한 데다가 주변에 편의 시설이 많고요. 다른 곳은 남향이어서 햇빛이 잘 들고 전망도 좋아요. 지금 보러 가실래요?

후　엔(여): 네, 한번 보고 싶어요.

12 전통 명절

앵커(남): 민족 최대의 명절, 풍요로운 한가위가 다가왔습니다. 추석 연휴를 하루 앞두고 고향 집에 가는 귀성객들이 늘어나고 있는데요. 서울역에 나가 있는 박서윤 기자 연결하겠습니다.

기자(여): 네. 저는 지금 서울역에 나와 있습니다. 보시는 것처럼 서울역은 귀성객들로 붐빕니다. 가족과 친지들을 만나러 가기 위해 기차를 기다리는 시민들이 많습니다. 미리 기차표를 사지 못해 현장에서 표를 사는 사람들도 많습니다. 아무리 힘들어도 고향 가는 발걸음은 가벼워 보입니다. 지금 여기에는 고향에서 서울로 올라오신 부모님들도 계신데요. 자녀들이 고향 가는 길이 많이 막히기 때문에 반대로 부모님들이 서울로 올라오게 된 것입니다. 특히 이번 추석은 연휴가 짧아 역귀성객이 더 많아진 것으로 보입니다. 내일은 연휴가 시작되니 기차역과 고속 도로에 더욱 사람이 몰릴 것으로 예상됩니다. KBN 뉴스 박서윤입니다.

13 직장 생활

선　배(남): 안젤라 씨, 무슨 일 있어요? 아까부터 표정이 안 좋아 보여요.

안젤라(여): 사실은 아까 부장님께 휴가 신청서를 냈다가 한 소리 들었어요.

선　배(남): 부장님께서 뭐라고 하셨는데요?

안젤라(여): 저는 휴가를 쓰고 싶으면 날짜를 정하고, 휴가 신청서만 내면 된다고 생각했어요. 그래서 부장님께 1월 8일에 쉬겠다고 말씀을 드렸는데 그렇게 하면 안 된다고 하셨어요.

선　배(남): 맞아요. 직장에서는 상사에게 미리 허락을 받는 게 좋아요. 그날 회사에 중요한 일이 있거나 회의가 있을 수도 있으니까요.

안젤라(여): 저는 그렇게 해야 하는지 몰랐어요.

선　배(남): 그럼 휴가를 못 쓰는 거예요?

안젤라(여): 휴가는 써도 된다고 하셨는데 기분이 좀 그래요. 직장 생활에 적응해 가는 줄 알았는데 이런 실수를 해서 너무 속상해요.

14 인터넷과 스마트폰

라흐만(남): 요즘은 유튜브를 보는 사람이 정말 많아졌지요?

후　엔(여): 맞아요. 저도 유튜브 보는 걸 좋아해요.

라흐만(남): 그래요? 보통 어떤 걸 봐요?

후　엔(여): 한국 요리에 대한 거요. 요리는 혼자 배우기 어렵잖아요. 그런데 한국 요리 채널을 보면서 쉽게 따라할 수 있어서 좋아요.

라흐만(남): 와, 수업을 직접 들어야만 요리를 배울 수 있는 게 아니네요. 또 자주 보는 영상이 있어요?

후　엔(여): 음. 집에서 혼자 운동하는 법을 가르쳐 주는 게 있는데 그것도 괜찮아요.

라흐만(남): 그거 좋은데요? 저도 꼭 한번 봐야겠어요.

후　엔(여): 언젠가 저도 우리나라 문화를 알리는 영상을 만들어 보고 싶어요.

라흐만(남): 와, 정말 멋진 계획이에요.

15 고민과 상담

상담사(여): 어서 오세요. 상담 신청서를 보니까 지금은 이삿짐센터에서 일을 하시는데 이직을 희망하신다고요?

잠시드(남): 네, 이삿짐센터 일을 한 지 2년쯤 됐는데 이제 다른 일을 해 보고 싶어요.

상담사(여): 이직을 희망하시는 이유는요?

잠시드(남): 돈을 일당으로 받으니까 수입이 일정하지 않아서요.

상담사(여): 아, 네. 급여를 월급으로 받는 일을 하고 싶으시다는 거지요?

잠시드(남): 네, 맞아요. 이삿짐센터 일이 적성에도 맞고 좋은데 너무 적게 버는 달도 있어서 힘들어요.

상담사(여): 한국에 오기 전에는 무슨 일을 하셨어요?

잠시드(남): 고등학교 졸업하자마자 바로 한국에 와서 다른 경력은 없어요.

상담사(여): 혹시 자격증이나 운전면허증 같은 거 있으세요?

잠시드(남): 아니요. 없는데 안 그래도 운전면허증은 따려던 참이었어요.

상담사(여): 그래요. 그럼 운전면허증부터 따시는 게 좋겠어요. 운전을 배울 수 있는 외국인 복지관도 있어요. 제가 메모해 드릴게요.

잠시드(남): 네, 감사합니다.

상담사(여): 제가 잠시드 씨에게 맞는 일을 찾아보고 다시 연락드릴게요.

잠시드(남): 네, 연락 기다리겠습니다.

16 기후와 날씨

캐스터(여): 오늘 대구 하늘은 대체로 맑은 가운데 미세먼지 농도도 낮아서 공기가 깨끗할 것으로 예상됩니다. 낮에는 기온이 18도까지 올라가겠지만 밤에는 기온이 3도까지 떨어져 일교차가 크겠습니다. 기온 변화에 대비하여 옷차림을 잘하셔야 되겠습니다. 이상 날씨였습니다.

캐스터(남): 현재 서울 경기 지역에 폭염 주의보가 내려진 가운데, 밤에도 열대야가 계속되는 곳이 많겠습니다. 최고 기온이 35도를 넘는 폭염은 주말까지 계속될 것으로 예상됩니다. 또 일부 지역에서는 한낮에 5~40mm의 소나기가 오는 곳도 있겠습니다. 날씨였습니다.

기획 · 연구

박정아 국립국어원 학예연구관   이슬비 국립국어원 학예연구사
정혜선 국립국어원 학예연구사   박지수 국립국어원 연구원

집필진

책임 집필

이미혜 이화여자대학교 교육대학원 교수

공동 집필

이영숙 한양대학교 국제교육원 교수   조항록 상명대학교 한국학과 교수
안경화 서울대학교 언어교육원 대우교수   배재원 이화여자대학교 언어교육원 특임교수
김현정 서강대학교 국제한국학선도센터 책임연구원   정미지 아주대학교 다산학부대학 특임교수
이윤진 안양대학교 교육대학원 교수   오지혜 세명대학교 미디어문화학부 교수
유해준 상지대학교 한국어문학과 교수   박수연 조선대학교 언어교육원 교육부장
강유선 숙명여자대학교 아시아여성연구원 연구원   이미선 서정대학교 사회통합프로그램 강사
이명순 대전대학교 사회통합프로그램 강사

연구 보조원

김민정 이화여자대학교 국제대학원 강사   오민수 건국대학교 언어교육원 강사
위햇님 서울대학교 언어교육원 강사   이승민 (재)한국이민재단 강사
남미정 상명대학교 국제언어문화교육원 강사   곽은선 고려대학교 한국어센터 강사
권수진 한양대학교 국제교육원 강사   강수진 상명대학교 국제언어문화교육원 강사
진보영 안산시외국인주민지원본부 사회통합프로그램 강사

법무부 사회통합프로그램(KIIP)

한국어와 한국문화 중급 1

1판 1쇄 발행 2020년 12월 10일
1판 8쇄 발행 2025년 1월 10일

기획 · 연구 국립국어원
관계 기관 협조 법무부 출입국 · 외국인정책본부 이민통합과
지은이 이미혜 외

펴낸이 박영호
기획팀 송인성, 김선명
편집팀 박우진, 김영주, 김정아, 최미라, 전혜련, 박미나
관리팀 임선희, 정철호, 김성언, 권주련
펴낸곳 (주)도서출판 하우

주소 서울시 중랑구 망우로68길 48
전화 (02)922-7090
팩스 (02)922-7092
홈페이지 http://www.hawoo.co.kr
e-mail hawoo@hawoo.co.kr
등록번호 제2016-000017호

값 10,000원
ISBN 979-11-90154-84-0 14710
ISBN 979-11-90154-80-2 14710 (set)